全国旅游职业教育教学指导委员会推荐教材
国家中等职业教育改革发展示范校创新系列教材
校企合作实习培训一体化教程

客房部实习生：
从生手到能手

主　　　编：杨　结
副　主　编：朱小彤　邓　敏
编辑组成员：冯毅斌　区雪娇　许洁超　冯盼盼

北京·旅游教育出版社

责任编辑：张　娟

图书在版编目(CIP)数据

客房部实习生：从生手到能手／杨结主编. ——北京：旅游教育出版社，2014.6
　国家中等职业教育改革发展示范校创新系列教材
　ISBN 978-7-5637-2936-4

Ⅰ.①客… Ⅱ.①杨… Ⅲ.①饭店—客房—商业管理—中等专业学校—教材 Ⅳ.①F719.2

中国版本图书馆 CIP 数据核字(2014)第 109096 号

国家中等职业教育改革发展示范校创新系列教材

客房部实习生：从生手到能手

杨结　主编

朱小彤　邓敏　副主编

出版单位	旅游教育出版社
地　　址	北京市朝阳区定福庄南里1号
邮　　编	100024
发行电话	(010)65778403 65728372 65767462(传真)
本社网址	www.tepcb.com
E-mail	tepfx@163.com
印刷单位	北京甜水彩色印刷有限公司
经销单位	新华书店
开　　本	787毫米×1092毫米　1/16
印　　张	9
字　　数	133千字
版　　次	2014年6月第1版
印　　次	2014年6月第1次印刷
定　　价	52.00元

(图书如有装订差错请与发行部联系)

编委会

主　任：魏洪涛

副主任：余昌国

委　员：董家彪　曾小力　杨　结　韩玉灵　王晓霞

总 序

在现代教育中,中等职业学校承担着实现"两个转变"的重大社会责任:一是将受家庭、社会呵护的不谙世事的稚气少年转变成灵魂高尚、个性完善的独立的人;二是将原本依赖于父母的孩子转变为有较好的文化基础、较好的专业技能并凭借它服务于社会、能独立承担社会义务的自立的职业者。要完成上述使命,除好的老师、好的设备外,一套适应学生成长的好的系列教材是至关重要的。

什么样的教材才算好的教材呢?我的理解有三点:一是体现中职教育培养目标。中职教育是国民教育序列的一部分。教育伴随着人的一生,一个人终身学习能力的大小,往往取决于中学阶段的基础是否坚实。我们要防止一种偏向:以狭隘的岗位技能培养代替对学生的文化培养与人文关怀。我们提出"立德尚能,素质竞争",正是对这种培养目标的一种指向。素质与技能的关系就好比是水箱里的水与阀门的关系。只有水箱里储满了水,打开阀门水才会源源不断。因此,教材要体现开发学生心智、培养学生学习能力、提升学生综合素质的理念。二是鲜明的职业特色。学生从初中毕业进入中职,对未来从事的职业的认识还是懵懂和盲从的。要让学生对职业从认知到认同,从接受到享受到贯通,从生手到熟手到能手,教材作为学习的载体应该充分为这些目标服务。三是符合职业教育教学规律。理实一体化、做中学、学中做、模块化教学、项目教学、情境教学、顶岗实践等,教材应适应这些现代职教理念和教学方式。

基于此,我们依托"广东旅游职教集团"的丰富资源,成立了由教育专家、企业专家和教学实践专家组成的编撰委员会。该委员会在指导高星级饭店运营与管理、旅游服务与管理、旅游外语、中餐烹饪与营养膳食等专业创建全国示范专业的过程中,按照新的行业标准与发展趋势,依据旅游职业教育教学规律,共同制定了新的人才培养方案和课程标准,并在此基础上协同编撰了这套系列创新教材。该系列教材力争在教学方式与教学内容方面有重大创新,突出以学生为本,以职业标准为本,教、学、做密切结合的全新教材观,真正体现工学结合、校企深度合作的职教新理念、新方法。

在此次教材编撰过程中,我们参考了大量文献、专著,均在书后加以标注,同时我们得到了旅游教育出版社、南沙大酒店总经理杨结、岭南印象园副总经理王娟以及广东省职教学会教学工作委员会主任余德禄教授等旅游企业专家、行业专家的大力支持,在此一并表示感谢!

2013 年 8 月于广州

前　言

酒店业是我国对外开放最早的窗口行业，改革开放以来，虽然各地酒店发展力度不减，规模持续壮大，但从业人员流失率高也是不争的事实，这一增一减，造成酒店行业人才的需求长期以来居高不下。中、高职院校旅游管理（酒店管理、高星级饭店运营与管理）专业学生在学期间，均需在酒店参加短则半年、长则一年的顶岗实习，中高职院校实习生在相当多的酒店里充当了基层服务生力军。顶岗实习集中体现了"五个对接"，特别是教学过程与生产过程的对接，从本质上来说顶岗实习是课堂学习的延续，是以顶岗工作的形式实施的学习过程。因此，实习期是职业教育的重要阶段和关键环节，是学生从学校走向社会、从生涩走向成熟、从学生转变成社会人的转型期。明确实习期的任务且不折不扣地执行，有助于学生顺利转变角色与身份，毕业后继续酒店职业生涯。但是，与实习期的重要性形成强烈反差的是，当下实习阶段的教学环节是一个空白，实习生在实习期间离开了课堂，基本脱离了在校教育的环境与氛围，而酒店对实习生的使用还是偏于劳动力功能而忽略了其应肩负的继续教育的职责，给予学生的培训往往存在疏漏或有失偏颇。这些因素造成学生易忽略实习阶段的学习性质，不能充分重视实习阶段的学习功能，面对这种状况，出台供学生实习阶段学习、实习酒店培训之用的实习教材已成当务之急。本教材就是在这样的背景下应运而生的。

本书由具有丰富一线教学经验与长期驻店实训经验的教师连同酒店资深管理人员合作编写，全书贴合学生的认知能力和酒店实际工作岗位需求，有以下鲜明特点：

第一，教材由校企合作开发，以著名的"晶刚婚礼"承办单位——南沙大酒店（五星级）的内训资料为基础构建要点库，注重在校教育与在店培训内容的对接，实践性、实用性毋庸置疑；

第二，立足于实习阶段的学习，是一本专注实习生的教材，以把学生在实习期内由"trainee（生手）"培养成为"senior（能手）"为目标，全面涵盖一年的实习期内学生在实习部门（客房部）应掌握的培训要点；

第三，内容安排上循序渐进，让学生由浅到深地学习实习阶段需要掌握的知识技能，并给出培训时间、方式、培训导师等的建议，引导学生结合自己所在的实习酒店的实际情况进行学习，可操作性强。

本教材的出版，将起到以下作用：对接学生在校教育与在店培训，继续指引学生的成才之路；明确学生在实习阶段的学习内容和习得状况，检验学生的实习成果。

当然，本书也存在局限之处，突出表现在部分内容不具备普适性，不适合在每个个体酒店通用。这主要是酒店企业客观存在的差异性所致，但每个酒店可在培训实习生时根据实际情况作相应的调整，比如说本教材列举了南沙大酒店的房型和数量，那么别的酒店在培训该部分内容时以自己酒店的实际情况替代即可。

在酒店各实习部门中,客房部是较多实习生心目中单调、没挑战性、没东西学的部门,本书恰恰通过客房部培训要点的呈现,为在客房部实习的同学们打开一扇门,鼓励他们通过自己的努力,迅速成长为 senior(能手),踏出自己职业生涯中坚实的一步。有了这本教材的投石问路,其他部门的实习教材陆续付梓也是可期的。

编者

2014 年 5 月

本书使用说明

- 本书第一章所列培训要点细目表相当于培训内容总表，客房部一年期实习生应在实习期内完成全部要点的培训，但考虑到各酒店实际情况有别，各酒店可参考该总表内容的覆盖面，结合本酒店实际安排培训内容。
- 培训要点中在校已学习掌握且各酒店差异小的内容以回顾的形式点及；考虑到普适性，属于酒店独有的要点或各酒店间差异性非常大的要点也不罗列。
- 培训要点细目中各酒店客房部出现频率大、差异性小的要点以培训纲要的形式呈现：

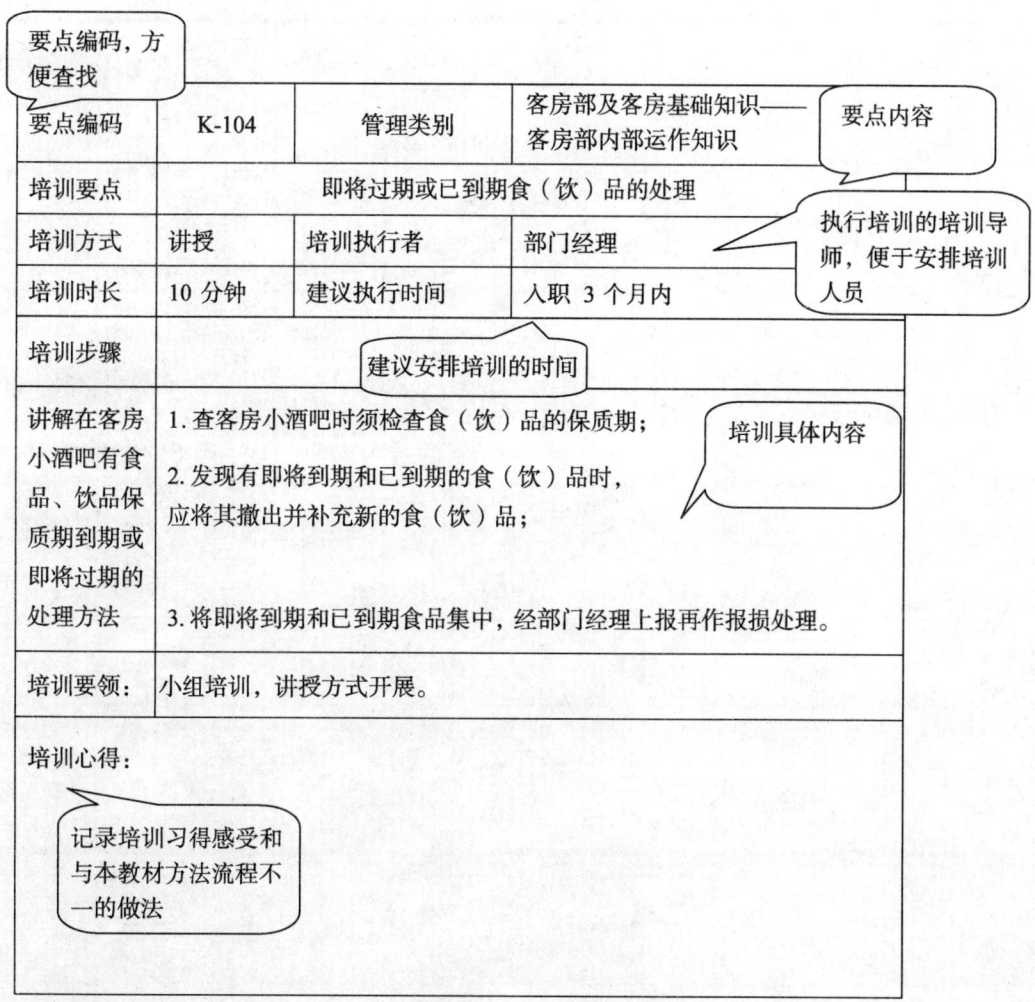

要点编码	K-104	管理类别	客房部及客房基础知识——客房部内部运作知识
培训要点	即将过期或已到期食（饮）品的处理		
培训方式	讲授	培训执行者	部门经理
培训时长	10 分钟	建议执行时间	入职 3 个月内
培训步骤			
讲解在客房小酒吧有食品、饮品保质期到期或即将过期的处理方法	1. 查客房小酒吧时须检查食（饮）品的保质期； 2. 发现有即将到期和已到期的食（饮）品时，应将其撤出并补充新的食（饮）品； 3. 将即将到期和已到期食品集中，经部门经理上报再作报损处理。		
培训要领：	小组培训，讲授方式开展。		
培训心得：			

目 录

第一章　客房部岗位培训要点 …………………………………………… 1
　　一、说明 ……………………………………………………………… 1
　　二、客房部岗位培训要点细目表 …………………………………… 1

第二章　客房部及客房基础知识 ………………………………………… 17
　　一、在校学习内容回顾（X 类） …………………………………… 17
　　二、在岗培训内容（Y 类、Z 类） ………………………………… 17
　　三、培训检阅 ………………………………………………………… 32

第三章　客房清洁与保养 ………………………………………………… 35
　　一、在校学习内容回顾（X 类） …………………………………… 35
　　二、在岗培训内容（Y 类、Z 类） ………………………………… 35
　　三、培训检阅 ………………………………………………………… 72

第四章　楼层对客服务 …………………………………………………… 76
　　一、在校学习内容回顾（X 类） …………………………………… 76
　　二、在岗培训内容（Y 类、Z 类） ………………………………… 76
　　三、培训检阅 ………………………………………………………… 106

第五章　客房安全保卫 …………………………………………………… 108
　　一、在校学习内容回顾（X 类） …………………………………… 108
　　二、在岗培训内容（Y 类、Z 类） ………………………………… 108
　　三、培训检阅 ………………………………………………………… 115

第六章　突发事件及典型案例 …………………………………………… 116
　　一、在校学习内容回顾（X 类） …………………………………… 116
　　二、在岗培训内容（Y 类、Z 类） ………………………………… 116
　　三、培训检阅 ………………………………………………………… 131

第一章 客房部岗位培训要点

一、说明

客房部是酒店的主要业务部门之一,也是旅游院校实习生的重要实习部门,安排在客房部实习的学生通常不少于实习生总人数的三分之一。学生在校学习期间,《客房服务与管理》课程是必修课,这门课程的主要内容包括客房部及客房基础知识、客房清洁与保养、楼层对客服务、客房安全保卫、客房服务质量管理等。通过对这门课程的学习,学生能达到客房服务员所需的基本技能和素质,初步达到客房服务员"生手"的水平。但是,如果要成长为一名熟手乃至资深的客房服务员,进而走上客房部基层管理岗位,则需在一年的客房部实习期内通过接收培训、在岗锻炼、自我学习等途径,系统、全面地学习客房部的知识、技能,奠定在酒店客房部职业生涯中进阶的基础。要成为一名资深的客房服务员,学生在校和在酒店实习期间具体应掌握哪些知识和技能呢?以下以《客房部岗位培训要点细目表》的形式加以呈现。

在《客房部岗位培训要点细目表》中,将客房部工作所需的知识与技能分三级罗列,其中一级目录按客房部实习生工作要领分别为:"客房部及客房基础知识""客房清洁与保养""楼层对客服务""客房安全保卫""突发事件及典型案例"五个,三级目录则具体到客房部各工作要点,共达390个细点。390个细点均注明其习得途径:"X"代表这一要点在校内学习已经掌握,一般而言无须在酒店再作培训;"Y"代表在校学习有所接触和了解但须在酒店实习中进一步融会贯通的工作要点;"Z"代表因种种原因在校没有教授,或者是实习生所在酒店特有的工作要点,这些工作要点需要在实习酒店习得。在第二章开始的章节内容中,对"X"类的内容本书以标注形式提及,提醒学生加以复习;从"Y"类及"Z"类中抽取部分有代表性和各酒店共通性的内容安排详尽的讲解与培训,其余部分则由各酒店按需及针对本酒店具体情况作培训安排。

二、客房部岗位培训要点细目表

表1-1 岗位培训要点细目表

培训目录			编号	习得途径
一级	二级	三级		
客房部及客房基础知识	客房部知识	客房部组织架构	K-001	X
		客房部工作的特点	K-002	X
		客房部各岗位主要职责	K-003	X

续表

培训目录			编号	习得途径
一级	二级	三级		
客房部及客房基础知识	客房部知识	客房部的主要服务项目	K-004	Y
		客房部与其他部门的联系	K-005	Y
		客房部工作区域简介	K-006	Z
		客房部规章制度	K-007	Z
		卫生班工作职责	K-008	Y
		卫生班工作流程	K-009	Y
		中班工作职责	K-010	Y
		中班工作流程	K-011	Y
		夜班工作职责	K-012	Y
		夜班工作流程	K-013	Y
		楼主工作职责	K-014	Z
		服务中心文员岗位职责	K-015	Y
		服务中心文员工作流程	K-016	Y
		财管班岗位职责	K-017	Y
		财管班工作流程	K-018	Y
		服务中心电话热线种类	K-019	Z
		后勤区域功能简介	K-020	Z
		客房部考勤办法	K-021	Z
	客房知识	客房的类型	K-022	Y
		房间大小、床位数量及分布情况	K-023	Z
		房间连通门配置情况	K-024	Z
		软/硬床垫分布情况	K-025	Z
		床头灯类型及分布情况	K-026	Z
		房间大、小植物分配情况	K-027	Z
		房间装饰色彩配置原理	K-028	X
		电视频道及各类端口连接知识	K-029	Z
		客用巾类知识	K-030	Y

续表

培训目录			编号	习得途径
一级	二级	三级		
客房部及客房基础知识	客房知识	客用布类知识	K-031	Y
		房间艺术品摆放标准	K-032	Z
		吧柜及吧柜上的物品摆放标准	K-033	Z
		吧柜抽屉酒板摆放标准	K-034	Z
		吧柜抽屉杯具摆放标准	K-035	Z
		吧柜抽屉冰桶、冷水壶的摆放标准	K-036	Z
		吧柜小冰箱摆放标准	K-037	Z
		电视遥控器摆放标准	K-038	Z
		办公桌及桌面物品摆放标准	K-039	Z
		皮椅摆放标准	K-040	Z
		落地灯摆放标准	K-041	Z
		书台抽屉内物品摆放标准	K-042	Z
		房间传真机台摆放标准	K-043	Z
		沙发摆放标准	K-044	Z
		玻璃圆几摆放标准	K-045	Z
		杂志架摆放标准	K-046	Z
		正方形床头柜摆放标准	K-047	Z
		椭圆形床头柜摆放标准	K-048	Z
		衣柜内物品摆放标准	K-049	Z
		卫生间洗手台面物品摆放标准	K-050	Z
		卫生间布草摆放标准	K-051	Z
		卫生间电子磅秤摆放标准	K-052	Z
		马桶间物品摆放标准	K-053	Z
		淋浴间物品摆放标准	K-054	Z
		房间浴缸物品摆放标准	K-055	Z
		总统套房会客厅陈设标准	K-056	Z
		总统套房会议室陈设标准	K-057	Z

续表

培训目录			编号	习得途径
一级	二级	三级		
客房部及客房基础知识	客房知识	总统套房主人房陈设标准	K-058	Z
		总统套房卫生间陈设标准	K-059	Z
		总统套房书房陈设标准	K-060	Z
		客房走廊服务台台灯摆放标准	K-061	Z
		客房走廊服务台沙发摆放标准	K-062	Z
		客房走廊服务台艺术品摆放标准	K-063	Z
		客房走廊服务台垃圾桶摆放标准	K-064	Z
		客房走廊服务台电梯间功能介绍	K-065	Z
		客房走廊服务台电话机摆放标准	K-066	Z
		洗消杯池功能介绍	K-067	Z
		客房后勤区域杯柜功能介绍	K-068	Z
		布草车使用须知	K-069	Z
		电熨斗、熨板使用须知	K-070	Z
		行政酒廊区域功能介绍	K-071	Z
		行政酒廊酒吧台摆放标准	K-072	Z
		行政酒廊餐台摆放标准	K-073	Z
		行政酒廊休息室陈设标准	K-074	Z
		行政酒廊会议室陈设标准	K-075	Z
		行政酒廊备餐间物品摆放标准	K-076	Z
		行政酒廊接待台的摆放标准	K-077	Z
		行政酒廊卫生间的摆放标准	K-078	Z
		保险箱使用方法	K-079	Y
		电视机使用方法	K-080	Y
		电话机使用方法	K-081	Y
		吹风筒使用方法	K-082	Y
		冰箱使用方法	K-083	Y
		空调使用方法	K-084	Y

续表

培训目录			编号	习得途径
一级	二级	三级		
客房部及客房基础知识	客房知识	传真机使用方法	K-085	Y
		防毒面具使用方法	K-086	Z
		应急电筒使用方法	K-087	Z
		电热水壶使用方法	K-088	Z
		健康秤使用方法	K-089	Z
		电暖炉使用方法	K-090	Z
		空气净化器使用方法	K-091	Z
		电热水器使用方法	K-092	Z
		微波炉的使用方法	K-093	Z
		冷水壶的使用方法	K-094	Z
	客房部内部运作知识	酒店服务项目及相关信息	K-095	Z
		服务中心电脑 FIDELIO 系统培训	K-096	Z
		服务中心电话抢线操作	K-097	Z
		服务中心电话转/飞线操作	K-098	Z
		各式报表、交班本填写、整理与汇总	K-099	Y
		楼层物资盘点流程	K-100	Y
		工程报修流程	K-101	Y
		报纸、信件的管理	K-102	Z
		楼层财产管理	K-103	Z
		工作间布草的管理	K-104	Z
		即将过期或已到期食品的处理	K-105	Z
		房间设备无法使用的处理	K-106	Y
		住客体验系统培训	K-107	Z
		计划任务系统培训	K-108	Z
		客房部分仓物资盘点的流程	K-109	Z
		客房部派货楼层物资的流程	K-110	Z
		各类型帮工的规章制度管理	K-111	Z

续表

培训目录			编号	习得途径
一级	二级	三级		
客房清洁与保养	客房清扫准备	工作中需要上报的事情	C-001	Y
		房态、客情知识	C-002	X
		不同房态类型的清洁次序	C-003	X
		清洁房间易忽略的位置(环节)	C-004	Y
		布草车物品摆放标准	C-005	Y
		清洁房间出车前的准备工作	C-006	X
	房间清洁卫生	如何敲门进入客房	C-007	X
		在住房电话响的处理方法	C-008	Y
		客人将污物呕吐在地毯上的处理方法	C-009	Y
		打扫房间时客人回来的处理方法	C-010	Y
		整理房间时客人还在房内的处理方法	C-011	Y
		新客人已到而房间尚未清理好时的处理方法	C-012	Y
		铺小床的程序	C-013	X
		铺大床的程序	C-014	X
		房间清洁流程	C-015	Y
		空房的清洁流程	C-016	Y
		客房开夜床流程	C-017	Y
		巾类折叠方法	C-018	Z
		客房杯具清洁及消毒	C-019	Z
		房间小整服务程序	C-020	Y
		客房夜床服务流程	C-021	Y
		电视机清洁	C-022	Y
		挂画清洁	C-023	Y
		镜面清洁	C-024	Y
		卫生间小五金清洁保养	C-025	Y
		电热水壶清洁	C-026	Y
		房间茶盘清洁	C-027	Y

续表

培训目录			编号	习得途径
一级	二级	三级		
客房清洁与保养	房间清洁卫生	冰箱内外/柜内清洁	C-028	Y
		卫生间玻璃托盘清洁	C-029	Y
		电话机清洁消毒	C-030	Y
		防滑垫清洗	C-031	Y
		电器面板清洁	C-032	Y
		灯罩、灯架清洁	C-033	Y
		洗手台云石面及边缝位清洁	C-034	Y
		房间马赛克清洁	C-035	Z
		房间推拉门、衣柜门清洁	C-036	Y
		卫生间石墙面清洁	C-037	Y
		地脚线清洁	C-038	Y
		木墙面清洁	C-039	Y
		房间墙纸清洁	C-040	Y
		电线清洁	C-041	Y
		床屏清洁及保养	C-042	Y
		龙头滤网及去水活塞的清洁	C-043	Y
		洗手盆木格清洁	C-044	Y
		空调回风口、出风口的清洁	C-045	Y
		衣柜顶部清洁	C-046	Y
		高、低边缝位清洁	C-047	Y
		地漏灌水及不锈钢盖板清洁	C-048	Y
		木墙面去渍清洁	C-049	Y
		马桶水箱、内外壁的清洁	C-050	
		保险箱清洁及保养	C-051	Y
		房间射灯不锈钢杆清洁	C-052	Z
		烟感器表面浮尘清洁	C-053	Z
		窗纱、床帘、遮光布拆洗	C-054	Y

续表

培训目录			编号	习得途径
一级	二级	三级		
客房清洁与保养	房间清洁卫生	淋浴间石墙面和边缝位清洁	C-055	Y
		楼层备品管理	C-056	Y
		拆床服务程序	C-057	Z
		检查退房的流程	C-058	Y
	楼层公共区域清洁	行政酒廊、会议室高位风口吸尘及清洁	C-059	Z
		15楼休息室艺术品清洁	C-060	Z
		行政酒廊及会议室吊灯清洁	C-061	Z
		员工卫生间地板及边位刷洗	C-062	Z
		走火门框及闭门器清洁	C-063	Z
		电梯槽、电梯门板清洁	C-064	Y
		布草房清洁	C-065	Z
		走廊挂画清洁	C-066	Y
		走廊镜面清洁	C-067	Y
		走廊石材墙身墙纸清洁	C-068	Z
		走廊消防栓清洁	C-069	Z
		楼层百叶窗清洁	C-070	Z
		楼层应急灯的清洁	C-071	Z
		后勤区域墙面及边缝位清洁	C-072	Z
		走火梯地板刷洗清洁	C-073	Z
		走火梯扶手、窗台、玻璃清洁	C-074	Z
		走廊地毯边缝位清洁	C-075	Z
		杂物房、电房清洁	C-076	Z
		服务中心电脑、打印机清洁	C-077	Z
		电梯厅、山景房及走廊装饰木格条清洁	C-078	Z
		走廊通道及房间天花筒灯清洁	C-079	Z
		走廊壁灯内灯筒清洁	C-080	Z
		客房走廊管井边缝位清洁	C-081	Z

续表

培训目录			编号	习得途径
一级	二级	三级		
客房清洁与保养	楼层公共区域清洁	客房各仓库清洁卫生	C-082	Z
		客房走廊大圆槽灯清洁	C-083	Z
		行政酒廊电梯厅镜面清洁	C-084	Z
		电梯厅风口清洁	C-085	Z
	客房保养	（住房）维修工程的处理方法	C-086	Y
		房间保养工程检查记录	C-087	Z
		报坏房的程序	C-088	Y
		加床及婴儿床保养	C-089	Z
		床垫保养	C-090	Y
		皮具保养	C-091	Y
		艺术品保养	C-092	Y
		玻璃清洁保养	C-093	Y
		布艺沙发的清洁保养	C-094	Y
		服务中心对客物品整理	C-095	Z
		石材的保养	C-096	Z
		木器的保养	C-097	Z
		地毯去渍	C-098	Z
		地毯保养	C-099	Z
		客房内固定物品及补充物品的检查	C-100	Y
		门锁使用方法	C-101	Z
		灯光控制方法	C-102	Z
		背景音乐控制方法	C-103	Z
		房间异味处理	C-104	Z
	清洁设备使用方法	洗杯机的使用方法	C-105	Z
		直立式吸尘机的使用方法	C-106	Y
		制冰机的使用方法	C-107	Y
		抽湿机的使用方法	C-108	Z

续表

培训目录			编号	习得途径
一级	二级	三级		
客房清洁与保养	清洁设备使用方法	吸尘机的使用方法	C-109	Y
		吹风机的使用方法	C-110	Y
		晶面打磨机的使用方法	C-111	Z
		抽水机的使用方法	C-112	Z
		双速单刷机的使用	C-113	Z
		手提抛光机的使用方法	C-114	Z
		吸水机的使用方法	C-115	Z
	清洁剂使用方法	蚊药的使用方法	C-116	Z
		中性全能清洁剂的使用方法	C-117	Z
		电热水壶洗净剂的使用方法	C-118	Z
		消毒液的使用方法	C-119	Z
		污垢除渍剂的使用方法	C-120	Z
		去渍粉的使用方法	C-121	Z
		消毒粉的使用方法	C-122	Z
		地毯除渍剂的使用方法	C-123	Z
		101干泡地毯清洁剂的使用方法	C-124	Z
		玻璃清洁剂的使用方法	C-125	Z
		不锈钢清洁剂的使用方法	C-126	Z
		金属除渍剂的使用方法	C-127	Z
		万能起渍剂的使用方法	C-128	Z
		地毯清洁剂的使用方法	C-129	Z
		103无泡地毯清洁剂的使用方法	C-130	Z
		粘胶去除剂的使用方法	C-131	Z
		不锈钢洁亮剂的使用方法	C-132	Z
		石质墙面蜡的使用方法	C-133	Z
		浴室清洁杀菌剂的使用方法	C-134	Z
		木地板蜡水的使用方法	C-135	Z

续表

培训目录			编号	习得途径
一级	二级	三级		
客房清洁与保养	清洁剂使用方法	起蜡水的使用方法	C-136	Z
		云石磨光粉的使用方法	C-137	Z
		云石翻新浆的使用方法	C-138	Z
		星石磨光液的使用方法	C-139	Z
		星石磨光粉的使用方法	C-140	Z
		石面加亮液的使用方法	C-141	Z
楼层对客服务	杂项	电话接听技巧	GS-001	Y
		客史档案的汇总及更新	GS-002	Z
		客人要求换房的处理	GS-003	Y
		客人不会使用客房设备的处理	GS-004	Y
		客人住店恰逢其生日时如何处理	GS-005	Y
	迎宾服务	接待重要客人需了解的内容	GS-006	Y
		交易会期间接待的注意事项	GS-007	Z
		迎送梯服务流程	GS-008	Y
		送茶水服务流程	GS-009	Y
		客房报纸分发	GS-010	Y
		派发客人自带水果、礼品	GS-011	Z
		重要客人到店前的准备工作程序	GS-012	Y
		重要客人到店时的接待工作程序	GS-013	Y
		新客入住接待流程	GS-014	Y
		绣名枕套的整理及名单更新	GS-015	Z
	叫醒服务	叫醒服务流程	GS-016	Y
	加床服务	拼床服务程序	GS-017	Z
		加床服务程序	GS-018	Y
	擦鞋服务	擦鞋服务流程	GS-019	Y

续表

培训目录			编号	习得途径
一级	二级	三级		
楼层对客服务	收送洗衣	收送客衣流程	GS-020	Y
		客人需要特快洗衣的处理	GS-021	Y
		发现将客人衣服洗坏时的处理	GS-022	Y
		客人反映客衣送错的处理	GS-023	Y
	会客（来访服务）	楼层来访的管理	GS-024	Y
		外来参观和外来人员上楼层管理	GS-025	Z
		住客不愿见访客的处理	GS-026	Y
		访客有住客房间钥匙并要人客房（住客不在）取物品的处理	GS-027	Y
		访客有客人签名的便条要求进入客房（住客不在）取物品的处理	GS-028	Y
		客人外出交代来访客人可以在其房中等待的处理	GS-029	Y
		访客想到工作间打电话的处理	GS-030	Z
		访客到楼层的处理	GS-031	Y
		访客时间已到但访客仍未离开客房的处理	GS-032	Y
		超时来访的处理	GS-033	Y
		客人要求在客房开会的处理	GS-034	Y
	投诉处理	客房服务中易被投诉的事项	GS-035	Y
		容易被服务员忽略的服务问题	GS-036	Y
		客人投诉中午回店发现房间未整理的处理	GS-037	Y
		深夜时客人投诉隔壁客人很吵的处理	GS-038	Y
		客人投诉房间灯光太暗的处理	GS-039	Y
		客人反映房间空调温度不当的处理	GS-040	Y
	代开门服务	为客人开门	GS-041	Y
		客人钥匙遗忘在房内要求为其开门的处理	GS-042	Y
	小酒吧服务	楼层报吧的程序	GS-043	Y
		楼层酒水管理	GS-044	Y
		客人将饮料饮用后又在外购回包装不同的饮料的处理	GS-045	Y

续表

培训目录			编号	习得途径
一级	二级	三级		
楼层对客服务	遗留/遗失物品处理	遗留物品的处理	GS-046	X
		客人遗留物品的分类处理	GS-047	Y
		客人来认领失物的处理	GS-048	Y
		离店客人衣物的处理	GS-049	Y
		走房物品遗失的处理	GS-050	Y
	租借/添补物品服务	处理客人借用物品	GS-051	Y
		为客人提供物品服务	GS-052	Y
		物品租借程序	GS-053	Y
		客人要求增加枕头和毛毯的处理	GS-054	Y
	托婴服务	托婴服务的收费标准及注意事项	GS-055	Y
	行政酒廊酒水服务	行政酒廊普通茶水服务	GS-056	Z
		普通咖啡服务	GS-057	Z
		意大利浓缩咖啡服务	GS-058	Z
		意大利泡沫咖啡服务	GS-059	Z
		拿铁咖啡服务	GS-060	Z
		冰冻咖啡服务	GS-061	Z
		热盘的摆放与使用	GS-062	Z
		咖啡机的使用方法	GS-063	Z
		多士炉的使用方法	GS-064	Z
		微波炉的使用方法	GS-065	Z
		中式茶服务	GS-066	Z
		热柠檬茶服务	GS-067	Z
		冰柠檬茶服务	GS-068	Z
		冰茶服务	GS-069	Z
	委托代办服务	客人要求代其修理物品的处理	GS-070	Y
		客人留言、传真、包裹和电传的处理	GS-071	Y

续表

培训目录			编号	习得途径
一级	二级	三级		
楼层对客服务	客房配套服务	收洗客衣时发现客衣有破损或纽扣丢失的处理	GS-072	Y
		客人要求缝补衣服的处理	GS-073	Y
		虫害防治	GS-074	Y
		房间大、小植物的养护	GS-075	Z
	防火	用电注意事项	S-001	Y
		客房走廊区域消防栓位置	S-002	Z
		客房走廊区域应急灯位置	S-003	Z
		消防专业电话和报警按器位置	S-004	Z
		楼层疏散指示牌位置	S-005	Z
		消防喇叭介绍	S-006	Z
		紧急出口指示位置	S-007	Z
		楼层有火情的处理	S-008	X
		火警的处理	S-009	X
	防盗	楼层钥匙的使用、保管和控制	S-010	Y
		巡查各仓库的要求及注意事项	S-011	Z
		客人将酒店的面巾放在行李箱里的处理	S-012	Y
		闲杂人员在楼层走廊徘徊的处理	S-013	Y
		非住客持钥匙进房的处理	S-014	Y
		客人报失处理流程	S-015	Y
	防工伤	客房部劳动安全卫生操作管理规定	S-016	Y
突发事件及典型案例	客人的突发事件处理	客人突发疾病处理	CS-001	Y
		房间内发现客人死亡的处理	CS-002	Y
		团队入住时楼层警报响起的处理	CS-003	Z
		发现客人患有传染病的处理	CS-004	Y
		团队客人到达房间并催促要放行李时的处理	CS-005	Z
		客人钥匙丢失但有急事外出来不及换房的处理	CS-006	Z
		工作中不小心将客人物品损坏后的处理	CS-007	Y

续表

培训目录			编号	习得途径
一级	二级	三级		
突发事件及典型案例	客人的突发事件处理	客人在房内争吵、打架的处理	CS-008	Z
		客人要求代买药品的处理	CS-009	Y
		客人在卫生间不慎跌倒的处理	CS-010	Y
		客人的朋友来代领(取)遗失在酒店的物品的处理	CS-011	Y
		客人在房内且不同意整理房间的处理	CS-012	Y
		客人要求在房中摆放鲜花的处理	CS-013	Y
		客人提出让服务员陪其到外面游览的处理	CS-014	Z
		客人反映床单不干净需要更换的处理	CS-015	Y
		客人提出购买房间物品处理程序	CS-016	Y
		入房服务遇到客人刚起床的处理	CS-017	Y
		客人在房中意外受伤的处理	CS-018	Y
		发现房内有大量现金的处理	CS-019	Y
		遇到客人醉酒的处理	CS-020	Y
		客人丢掷烟头导致房间地毯出现烫洞的处理	CS-021	Y
		伤、病客人的处理	CS-022	Y
		客人单独在房内不断饮酒的处理	CS-023	Y
		客人在房内长时间挂"请勿打扰"牌的处理	CS-024	Y
		挂"请勿打扰"牌,但房内无人接听电话的处理	CS-025	Y
		外线电话挂不进去,需提醒客人,但挂着"请勿打扰"牌的处理	CS-026	Y
		客人需要服务但房门上挂"请勿打扰"牌的处理	CS-027	Y
		开夜床时房间挂"请勿打扰"牌或上双重锁的处理	CS-028	Y
		客人损坏酒店财物的处理	CS-029	Y
		客人在客房或楼层进行封建迷信活动或其他非法活动的处理	CS-030	Y
		客人在地毯上睡觉的处理	CS-031	Y
		客人房门打开(虚掩)的处理	CS-032	Y

续表

培训目录			编号	习得途径
一级	二级	三级		
突发事件及典型案例	客人的突发事件处理	客人在房间使用大功率电器的处理	CS-033	Y
		客人在房内烧香拜佛的处理	CS-034	Y
		客人私自留宿的处理	CS-035	Y
		客人外宿的处理	CS-036	Y
		客人带宠物(动物)入房间的处理	CS-037	Y
		客人已到楼层发现重复开房时的处理	CS-038	Y
		客人损坏房内设备的处理	CS-039	Y
		检查退房但仍挂有"请勿打扰"牌的处理	CS-040	Y
		在楼层发现行动怪异客人的处理	CS-041	Y
	酒店的突发事件处理	操作过程不小心弄坏设施设备的处理	CS-042	Y
		台风到来时如何应对	CS-043	Z
		临时停电的处理	CS-044	Y
		客人反映房中保险箱打不开的处理	CS-045	Y
		公关区域玻璃破碎的处理	CS-046	Z
		前台开重房的处理	CS-047	Y

第二章 客房部及客房基础知识

一、在校学习内容回顾（X 类）

客房部组织架构、客房部工作的特点、客房部各岗位主要职责等内容，在学校已经学习了，你还记得吗？请以自习的方式对已经学习过的内容进行回顾。

表 2-1 客房部及客房基础知识校内习得内容

培训目录	培训日期	编号	培训方式
客房部组织架构	入职 1 个月内	K-001	自习
客房部工作的特点	入职 1 个月内	K-002	自习
客房部各岗位主要职责	入职 1 个月内	K-003	自习
房间装饰色彩配置原理	入职 1 个月内	K-028	自习

二、在岗培训内容（Y 类、Z 类）

表 2-2 客房部服务项目介绍培训纲要

要点编码	K-004	管理类别	客房部及客房基础知识——客房部知识
培训要点	客房部服务项目介绍		
培训方式	讲授	培训执行者	客房部部门经理
培训时长	25 分钟	建议执行时间	入职 1 个月内
培训步骤	培训内容		
介绍本酒店客房部可提供的服务项目	1. 24 小时的房间清洁服务。 2. 开夜床服务，散客房间还奉送酒店自制曲奇饼。 3. 物品输送服务：24 小时为住客房间输送易耗品、毛巾等用品。 4. 托婴服务：由客人向前台预订，每小时收费 60 元，最低消费 120 元（即 2 小时）。 5. 送欢迎茶服务：VIP 客人入住时由客房服务员将欢迎茶送入房间。 6. 免费擦鞋服务：房间有擦鞋服务纸，客人将此服务纸放入鞋内或致电客房服务中心"3"，将有专人免费为其擦鞋。 7. 洗衣服务：每间客房衣柜内配备两个洗衣袋和干、湿洗衣单，客房员工每日上午 11:30 前会对所有住房收洗一次，酒店还提供快洗服务，四小时内可以洗好送回（但会加收 50% 的快洗费）。		

续表

培训步骤	培训内容
介绍本酒店客房部可提供的服务项目	8.迎送梯服务:VIP客人入住,楼层电梯将有客房服务员提供迎送电梯服务。 9.加床服务:客人如需加床,可先到前台办理相关手续,客房部接前台部通知后为客人加床,并相应增加一份洗漱用品。 10.叫醒服务:酒店总机可设定房间电话自动闹钟功能,但当闹钟仍未能叫醒客人时,客房服务员接总机通知后,可以提供人工叫醒服务,确保万无一失。 11.小整服务:VIP客人每次外出和普通客人提出清洁要求后,客房服务员将会为客人提供小整理服务。 12.遗留物品寄存保管和认领服务:客人退房后,会有客人遗留物品在房间,客房部将尽量寻找客人联络方式与客人联络,将遗留物品交还客人;另酒店其他区域发现遗留物品,当日客人未领回的,客房服务中心可提供寄存保管服务(贵重遗留物品由大堂副理保管);如三个月内无客人认领的遗留物品,将按公安机关有关要求处理。 13.客房服务中心备用的可售物品有扑克、各型号电池、指甲钳、避孕套、卫生巾。 14.客房服务中心备用的可借用物品有计算器、水果刀、熨斗/板、开瓶器、手机充电器、转换插、多功能插板、闹钟、椅子、文具、网线、抽湿机、电暖炉、BB床。客房服务中心备有急救箱,一般只供内部员工使用。

培训要领:＊集中培训,以讲授方式开展。

＊熟记各种付费项目的收费标准。

培训心得(各酒店客房部提供的服务大同小异,请在此处将你实习的酒店客房服务项目的独有之处列出):

表2-3 客房部与其他部门的业务联系培训纲要

要点编码	K-005	管理类别	客房部及客房基础知识——客房部知识
培训要点	客房部与其他部门的业务联系		
培训方式	讲授	培训执行者	客房部部门经理
培训时长	15分钟	建议执行时间	入职1个月内
培训步骤	培训内容		
介绍客房部与前厅各部的联系内容	接待——负责散客的开房工作。 预订——负责客人的订房,团体的分房工作。 询问——负责客人的留言,锁匙的管理及提供酒店资料信息。 票台——飞机、车、船的购票。 行李组——为客人提供运送行李服务及寄存行李。 委托代办——为客人提供额外的收费服务。 团体接待——负责旅行团的入住和离店手续。 商务中心——为客人提供会议设施及发送电传、电报。		
介绍客房部与酒店其他部门联系内容	1. 工程部:客房范围内的设备设施出现故障时应及时向工程部调度室报修。 2. 饮食部:协助送餐服务,餐具的回收,VIP水果的送收。 3. 财务部:酒店有关收费处理。 4. 洗涤部:负责客人衣服以及客房布草的送洗。 5. 保安部:出现不安全的情况时及时报告;消防中心负责防火安全工作。 6. 公关销售部:长住客的接待问题,VIP及重要团体的接待事项。 7. 花房:鲜花的送收。		
培训要领:集中培训,以讲授方式开展。			
培训心得:			

表 2-4 卫生班工作流程培训纲要

要点编码	K-009	管理类别	客房部及客房基础知识——客房部知识
培训要点	卫生班工作流程		
培训方式	讲授	培训执行者	客房部楼层主管
培训时长	25 分钟	建议执行时间	入职 1 个月内
培训步骤	培训内容		
讲解楼层卫生班日常工作流程	• 早班服务员应在上班前换好工作服,按照酒店规定检查好自身的仪容仪表到客房服务中心签到,领取楼层钥匙,留意部门张贴的有关通知。阅读交班本,巡查所属楼层公共区域卫生、消防设施及客情。 • 准时参加楼层主管主持的班前会。从楼层主管处领取工作日报表,了解房态。 • 检查布草车上的工具是否齐全,物品是否补充足够。 • 把布草车推至房门对面靠墙摆放,并把吸尘机摆放于布草车的右侧。 • 按操作规程和做房次序打扫房间卫生。 • 房间设备损坏,地毯、墙纸有污渍应第一时间报告楼层主管(一般污染可自行处理)。对一般的维修项目,随时发现随时报告,并做好记录。 • 撤出的加床放回楼层摆放的原处,餐具暂放至茶水间,并及时通知送餐部收餐具。 • 及时接听服务中心电话(保持电话畅通状态),做好查退房、空房工作以及楼层的对客服务等。 • 应服从楼层主管的调度和工作安排,及时完成急需清洁的房间。 • 注意车容的整洁,吸尘机不能随处乱放。不能打开两间房门同时工作,一经发现,马上做出处分。 • 布草不能满出布草袋,备品柜上不能摆放杯具,一般完成三至四间房即进行撤车、补车工作。 • 检查住客房是否有客衣;挂"请勿打扰"的房间放勿扰牌。 • 中午,员工饭堂用餐。 • 清洁未完成的房间。 • 将请勿打扰的房间报给楼层主管。 • 按要求完成楼层主管安排的计划卫生。 • 撤换杯具并清洗入套,摆放至指定位置。脏布草应看清楚是否有夹带客人物品后,才能从布草滑道扔下。该回收的废品整齐摆放于指定的位置;垃圾扎好做好标签,送到一楼指定摆放垃圾的地方。 • 清洁、整理工作用车。 • 将吸尘机的集尘袋倒空,倒尘时应注意用胶袋封好,以免尘埃扬起,并把清洁后的吸尘机按要求摆放好。 • 叠布草,补充布草车。 • 清洗杯具,清洁茶水间、工作间以及后勤区域卫生。 • 参加楼层主管召集的班后会和培训。 • 做好楼层交班。将报表、楼层工作钥匙交回服务中心,签退。		
培训要领:集中培训,以讲授方式开展。			
培训心得:			

表 2-5 中班工作流程培训纲要

要点编码	K-011	管理类别	客房部及客房基础知识——客房部知识
培训要点	中班工作流程		
培训方式	讲授	培训执行者	客房部楼层主管
培训时长	25 分钟	建议执行时间	入职 1 个月内
培训步骤	培训内容		
讲解楼层中班日常工作流程	● 中班服务员应在上班前换好工作服,按照酒店规定检查好自身的仪容仪表,提前五分钟到客房服务中心签名报到,领取楼层钥匙,留意部门张贴的有关通知,准时到达所属楼层工作岗位; ● 了解所属楼层客情、房态; ● 按要求完成已外出的 VIP、IP 及有特殊要求的客人的房间小整服务; ● 公共区走廊地毯吸尘清洁; ● 公共区走廊地毯及边角位吸尘; ● 电梯厅地毯、石材地板及边角位吸尘,清洁所属楼层公共区域; ● 员工饭堂用晚餐; ● 中班服务员晚餐后,到客房服务中心领取报纸、电脑房态表; ● 与早班交接班; ● 清洁电梯厅(包括电梯门、电梯按钮及灯箱、装饰镜、石墙面、烟缸及垃圾清倒); ● 清洁客房走廊(包括服务台、靠背椅、台灯、电话、房号指示牌、挂画、装饰镜、消防栓及消防器材、消防抽风口百叶、消防铃); ● 清洁东、西、中消防通道(包括消防门及门框、消防栓及消防器材、玻璃窗框及扶手、消防电梯门及电梯按键); ● 准备布草车提供夜床服务; ● 按电脑房态表,填写好工作报表; ● 提供夜床服务及打扫晚退房的房间; ● 准时提供夜床服务,按照操作规程做好夜床服务工作; ● 按要求先完成已外出 VIP、IP 及有特殊要求的客人房间夜床服务; ● 晚上 9:00 挂"请勿打扰牌"的房间应摆放"勿打扰服务卡",并将房号通知服务中心; ● 检查空房房间状态; ● 清洁晚上退房的房间; ● 按中班周期计划卫生表完成卫生清洁; ● 更换抹布、清倒垃圾; ● 检查空房; ● 清洁整理好布草车、布草房、洗消间、卫生间; ● 清洁整理好布草车,补充好物品,为次日早班服务员准备好布草车; ● 清洗更换出的脏杯具,并将洗杯池清洗干净; ● 将洗消间的地板及卫生间的洗手盆、马桶清理干净; ● 用地拖将布草房,洗消间,电房,东、西、中消防通道地板及楼梯级清理干净; ● 巡查所属楼层区域,控制关好楼层走廊灯光; ● 检查客房门、公共区域门窗是否关锁好; ● 按酒店规定控制公共区域灯光; ● 参与中班楼层主管主持的班后会; ● 与夜班服务员交接班,到客房服务中心交还楼层钥匙、工作表及送交夜间收出的洗衣,签退下班。		
培训要领:集中培训,以讲授方式开展。			
培训心得:			

表 2-6 夜班工作流程培训纲要

要点编码	K-013	管理类别	客房部及客房基础知识——客房部知识
培训要点	夜班工作流程		
培训方式	讲授	培训执行者	客房部楼层主管
培训时长	20 分钟	建议执行时间	入职 1 个月内
培训步骤	培训内容		
讲解楼层夜班日常工作流程	● 夜班服务员应在上班前换好工作服,按照酒店规定检查好自身的仪容仪表,提前五分钟到客房服务中心签名报到,领取楼层钥匙,留意部门张贴的有关通知; ● 与中班交接班,阅看交班本; ● 阅读会议记录; ● 服务输送; ● 巡楼——巡查所属楼层公共区域卫生、消防设施及客情; ● 按夜班周期计划卫生表完成卫生清洁; ● 完成经理、主管安排的工作及计划卫生清洁; ● 控制楼层走廊灯光; ● 安排卫生班的人员工作量,抄写报表; ● 与早班交接班; ● 抹布送至洗涤部送洗; ● 交楼层钥匙,签退。		
培训要领:集中培训,以讲授方式开展。			
培训心得:			

表2-7 服务中心文员早班工作流程培训纲要

要点编码	K-016	管理类别	客房部及客房基础知识——客房部知识
培训要点	\multicolumn{3}{c}{服务中心文员工作流程(早班)}
培训方式	讲授	培训执行者	客房服务中心主管
培训时长	20分钟	建议执行时间	转岗1个月内
培训步骤	\multicolumn{3}{c}{培训内容}

培训步骤	培训内容
讲解客房服务中心文员早班日常工作流程	• 为早班服务员、主管签到,并派发钥匙,为楼层主管、服务员打印在住客人报表、预到团报表、预退房报表,在白板上更新当天部门的最新资讯,复印大堂副理查房表; • 为夜班服务员签退,并收回钥匙; • 跟进好考勤工作,如有异常及时告知主管; • 检查抹布是否送洗,中心文员送至洗涤部送洗; • 尽早通知各楼层主管、楼层服务员有关今日预到客人的最新资料; • 将当天需要申领的布草数交予洗涤部,并要求其签名; • 与前台确认今天的参观房,并通知楼层、主管; • 接收当天的报纸,通知散客楼层领用,并做好记录; • 接听电话,向有关人员传达各项信息,并做好记录; • 接受楼层报修工程,并做好跟催工作; • 跟催财管补充中心昨日消耗的酒水及杂项; • 核对好电脑房态,及时发现前台没有通知查房的退房; • 午膳(顺带交报损单、物品领料单、其他文件输送); • 核查今日退房情况,并将晚退、续住房及时反馈到各楼层、楼层主管、前台; • 核查电脑,是否存在矛盾房,并与楼层主管沟通,查明原因; • 阅读昨日会议记录; • 核对电脑房态,督促楼层主管及时跟进预到房放房; • 核查晚退房、日用房和新增加的预开房,并及时反馈出去; • 完成主管、经理分派的其他工作; • 核查并入账当天消耗的酒水及杂项; • 为中班服务员、楼层主管签到,并派发钥匙,跟进今天早班的考勤工作; • 跟进已批的杂项、报损单,登记好,并送到前台; • 接收楼层交下来的遗留,并进行分类、登记、存放等工作; • 与财管核对已领用的物品并跟催好报损单; • 与楼层核对当日消耗的酒水; • 盘点财产,核实好酒水,写好交班,与中班文员交接; • 签退。
培训要领:一对一或小组培训,以讲授方式开展。	
培训心得:	
备注:大部分学生在实习期内不会被安排在服务中心工作。本项培训内容可作为转岗培训之用,也可以作为毕业前知识拓展培训。	

表2-8 财管班工作流程培训纲要

要点编码	K-018	管理类别	客房部及客房基础知识——客房部知识
培训要点	财管班工作流程		
培训方式	讲授	培训执行者	客房部部门经理
培训时长	20分钟	建议执行时间	转岗1个月内
培训步骤	培训内容		
讲解财管班日常工作流程	● 在上班前换好工作服,按照酒店规定检查好自身仪容仪表; ● 到中心签到,查看张贴在中心的各类通知; ● 领取财管钥匙、财管交班本; ● 阅读交班本,记录今日需跟进的项目; ● 将昨日楼层交至服务中心的脏抹布清点数量后送洗衣房; ● 根据客用品存量及中心夜班完成的酒水统计表,出具物品领料单,交经理签批; ● 根据各楼层交回财管的物品领用表,向楼层派发物资; ● 如楼层借用机械设备,做好记录; ● 持经理已签名的调拨单到总仓,领取货品和酒水; ● 根据酒水统计表,给各楼层员工发放酒水; ● 跟进楼层报损物品的发放; ● 跟进今日到货物品的入仓和分类存放; ● 把今日到货或领用物资的数量登记入册; ● 清点财管物资数量; ● 收拾、整理仓库; ● 将今日工作完成情况与明日需跟进项目写入财管交班本内; ● 在服务中心签退,交回仓库钥匙、财管交班本,下班。		
培训要领:一对一或小组培训,以讲授方式开展。			
培训心得:			
备注:大部分学生在实习期内不会被安排在财管班工作。本项培训内容可作为转岗培训之用,也可以作为毕业前知识拓展培训。			

表 2-9 客房类型培训纲要

要点编码	K-022	管理类别	客房部及客房基础知识——客房知识
培训要点	客房的类型			
培训方式	讲授	培训执行者	部门经理
培训时长	15 分钟	建议执行时间	入职 1 个月内
培训步骤	培训内容			
介绍本酒店客房类型	按房间类型分： ● 5 楼至 9 楼为豪华客房楼层。 ● 10 楼至 13 楼为商务客房楼层。 ● 14 楼、15 楼为行政客房楼层。 ● 15 楼有总统套房一套。			
介绍豪华客房分布	● 豪华山景房（小床,共 31 套）：分布于 5、6、8、9 楼（除 501 为大床）。 ● 豪华海景房（小床,共 82 间）：分布于 5、6、7、9 楼的单号房、805、807、809、811、813、815、817～826。 ● 豪华海景房（大床,共 28 间）：分布于 7、9 楼及 806～816 的双号房。 ● 豪华山景房（大床,共 8 间）：分布于 7 楼。			
介绍商务客房分布	● 商务山景房（大床,共 20 套）：分布于 1027～1030、11 楼、13 楼。 ● 商务海景房（大床,共 44 间）：分布于 10、11、12、13 楼的双号房。 ● 商务海景房（小床,共 44 间）：分布于 10、11、12、13 楼的单号房。 ● 商务山景房（小床,共 12 间）：分布于 1001～1004、12 楼。			
介绍行政客房分布	● 行政山景房（大床,共 16 套）。 ● 行政海景豪华大床套房（共 4 套）。 ● 行政豪华海景房（大床,共 11 套）。 ● 行政豪华海景房（小床,共 16 套）。			
培训要领：＊集中培训,以讲授方式开展。 　　　　　＊结合样板间照片、实地参观等方式培训。				
培训心得（各酒店的客房类型和名称有所不同,请在此处将你实习的酒店客房类型列出）：				

豪华山景房▼

商务海景房▼

行政海景房▼

表2-10　布草车使用培训纲要

要点编码	K-077	管理类别	客房部及客房基础知识——客房知识
培训要点	布草车使用须知		
培训方式	讲授	培训执行者	客房部楼层主管
培训时长	15分钟	建议执行时间	入职1个月内
培训步骤	培训内容		
讲解布草车使用过程需要注意的事项	1. 现时使用布草车是采用单方向推行(即一头的轮子为万向轮,另一头的轮子是定向轮),因此在推车时应推万向轮一头,以控制好布草车的行走方向。 2. 推布草车时要注意不要碰坏墙纸、墙角及其他设备,因工作不小心造成公物损坏,当事人要负责赔偿损失。 3. 不能把撤出的布草和杯具放置在易耗品柜上,如布草车面位置不够,撤出的杯具可放置在最底层;易耗品柜及布草车内不能存放私人物品及食品;弄脏及褶皱严重的洗衣单应及时处理掉,不能重复使用。 4. 脏抹布要按规定放入布草袋一侧的脏布袋内,清洁完房间后统一放在洗消间的脏布草收纳桶,由中班同事统一到服务中心更换。 5. 布草车的物品摆放规格及数量是从轻便、美观、实用角度考虑的,一次补充太多备品会增加布草车的负荷,使员工难以控制行走的方向,容易发生碰撞现象,而且会消耗员工的体力。因此要求员工一般每做完3间房后,要进行撤补。 6. 要保证每天清理一次布草车,做到车上无杂物、灰尘、污渍,并且每月要打蜡一次,不得在布草车上张贴商标、姓名、不干胶纸等。 7. 布草车在使用过程中,如发现螺丝松脱、车轮绕有杂物、缺油等问题时,能自行解决的要及时解决,自己不能解决的要通知保养班进行维修。		
培训要领:小组培训,讲授方式开展。			
培训心得:			

表2-11 工程报修流程培训纲要

要点编码	K-101	管理类别	客房部及客房基础知识——客房部内部运作知识
培训要点	\multicolumn{3}{c}{工程报修流程}	
培训方式	讲授	培训执行者	楼层主管
培训时长	15分钟	建议执行时间	入职3个月内
培训步骤	\multicolumn{3}{c}{培训内容}	
介绍本酒店客房部工程报修流程	1. 判别： 楼层主管检查出房间设施不能正常使用时，需填写工程维修单上交工程部安排工程师维修，如住客房、VIP、IP、预到房的设施不能使用或紧急工程需即时上报工程部安排维修。如发现设施严重故障，应立即知会当值经理。 2. 填写工程维修单： ● 填写部门、日期、时间、维修地点或房号。 ● 简明扼要填写维修内容。 ● 将维修单第一、二联送交当值工程师，第三、四联交楼层主管保存及跟办。 ● 必须准确填写维修地点和项目，字体要清楚、端正。如房间内有客人应事先向值班工程师说明。 3. 跟进维修： ● 在一定时间内仍未进行维修，当值经理必须联系当值工程师尽快解决。 ● 下班前维修项目仍未解决的，必须交班继续跟办。 ● 如维修地点是已入住客人的房间，维修过程必须有服务员陪同。 4. 完成： ● 完成维修后，经楼层人员检查后签收，并立即清理现场。 ● 大的维修工程完成后，必须及时知会经理。		
培训要领：小组培训，讲授方式开展。			
培训心得：			

表2-12 工作间布草管理培训纲要

要点编码	K-103	管理类别	客房部及客房基础知识——客房部内部运作知识
培训要点	工作间布草的管理		
培训方式	讲授	培训执行者	楼层主管
培训时长	10分钟	建议执行时间	入职1个月内
培训步骤	培训内容		
介绍工作间布草的管理	1.将干净的布草叠好,放到相应的柜内存放; 2.检查各样布草是否足够运作; 3.合理申报所需要的各类布草数量; 4.发现有破损、有污渍的布草另作存放处理。		
培训要领:小组培训,以讲授方式开展。			
培训心得(在此列举本人所在酒店的布草管理规定):			

表2-13 即将过期或已到期食(饮)品处理培训纲要

要点编码	K-104	管理类别	客房部及客房基础知识——客房部内部运作知识
培训要点		即将过期或已到期食(饮)品的处理	
培训方式	讲授	培训执行者	部门经理
培训时长	10分钟	建议执行时间	入职3个月内
培训步骤		培训内容	
讲解在客房小酒吧有食品、饮品保质期到期或即将过期的处理方法	1. 查客房小酒吧时须检查食(饮)品的保质期； 2. 发现有即将到期和已到期的食(饮)品,应撤出并补充新的食(饮)品； 3. 将即将到期和已到期食品集中,经部门经理上报再作报损处理。		
培训要领:小组培训,以讲授方式开展。			
培训心得:			

表2-14　处理房间设备无法使用状况培训纲要

要点编码	K-105	管理类别	客房部及客房基础知识——客房部内部运作知识
培训要点	\multicolumn{3}{c}{房间设备无法使用的处理}
培训方式	讲授	培训执行者	楼层主管
培训时长	10分钟	建议执行时间	入职3个月内
培训步骤	\multicolumn{3}{c}{培训内容}
讲解房间设备无法使用时应如何处理	1. 如是在住房,应先征求客人意见再进行维修; 2. 若该设备无法即时维修好,向客人说明并经客人同意可安排转房处理; 3. 空房要进行封房维修; 4. 维修完成后要先检查再复原。		
培训要领:利用班前会进行讲解。			
培训心得:			

三、培训检阅

表 2-15　客房部及客房基础知识培训状况总结表

培训要点	k-001	k-002	k-003	k-004	k-005
培训日期					
培训导师					
培训要点	k-006	k-007	k-008	k-009	k-010
培训日期					
培训导师					
培训要点	k-011	k-012	k-013	k-014	k-015
培训日期					
培训导师					
培训要点	k-016	k-017	k-018	k-019	k-020
培训日期					
培训导师					
培训要点	k-021	k-022	k-023	k-024	k-025
培训日期					
培训导师					
培训要点	k-026	k-027	k-028	k-029	k-030
培训日期					
培训导师					
培训要点	k-031	k-032	k-033	k-034	k-035
培训日期					
培训导师					
培训要点	k-036	k-037	k-038	k-039	k-040
培训日期					
培训导师					

续表

培训要点	k-041	k-042	k-043	k-044	k-045
培训日期					
培训导师					
培训要点	k-046	k-047	k-048	k-049	k-050
培训日期					
培训导师					
培训要点	k-051	k-052	k-053	k-054	k-055
培训日期					
培训导师					
培训要点	k-056	k-057	k-058	k-059	k-060
培训日期					
培训导师					
培训要点	k-061	k-062	k-063	k-064	k-065
培训日期					
培训导师					
培训要点	k-066	k-067	k-068	k-069	k-070
培训日期					
培训导师					
培训要点	k-071	k-072	k-073	k-074	k-075
培训日期					
培训导师					
培训要点	k-076	k-077	k-078	k-079	k-080
培训日期					
培训导师					

续表

培训要点	k-081	k-082	k-083	k-084	k-085
培训日期					
培训导师					
培训要点	k-086	k-087	k-088	k-089	k-090
培训日期					
培训导师					
培训要点	k-091	k-092	k-093	k-094	k-095
培训日期					
培训导师					
培训要点	k-096	k-097	k-098	k-099	k-100
培训日期					
培训导师					
培训要点	k-101	k-102	k-103	k-104	k-105
培训日期					
培训导师					
培训要点	k-106	k-107	k-108	k-109	k-110
培训日期					
培训导师					
培训要点	k-111				
培训日期					
培训导师					

除了上述的内容,你在实习酒店还学到了哪些知识?列举一下:

第三章 客房清洁与保养

一、在校学习内容回顾(X 类)

在学校已经学习了房态、客情知识以及不同房态类型的清洁次序等内容,你还记得吗?请以自习的方式对已经学习过的内容进行回顾。

表 3-1 客房清洁保养校内学习内容回顾表

培训目录	培训日期	编号	培训方式
房态、客情知识	第一个月	C-002	自习
不同房态类型的清洁次序	第一个月	C-003	自习
清洁房间出车前的准备工作	第一个月	C-006	自习
如何敲门进入客房	第一个月	C-007	自习
铺小床的程序	第一个月	C-013	自习
铺大床的程序	第一个月	C-014	自习

二、在岗培训内容(Y 类、Z 类)

表 3-2 工作中需要上报的事情培训纲要

要点编码	C-001	管理类别	客房清洁保养——客房清扫准备
培训要点	工作中需要上报的事情		
培训方式	讲授	培训执行者	楼层主管
培训时长	15 分钟	建议执行时间	入职 1 个月内
培训步骤	培训内容		
讲解在清洁整理客房过程中遇到哪些事情需上报	1. 房态异状: (1)服务员通知房态是住房,但房内无行李,或通知已走房,但房内仍有行李,通知是空房,但又有客人住过; (2)"请勿打扰房"超过下午 14:30,尚不能打扫; (3)住客人数与身份等与已知情况不符; (4)住客房内无行李或行李极少。		

续表

培训步骤	培训内容
讲解在清洁整理客房过程中遇到哪些事情需上报	2. 房间异状： 　　(1) 宾客损坏设备用具； 　　(2) 水电设备故障； 　　(3) 有动物在房内； 　　(4) 发现害虫、鼠类在客房内； 　　(5) 未经许可家具设备已搬动。 3. 宾客异状： 　　(1) 发现宾客遗留的金钱，珠宝或其他物品； 　　(2) 宾客生病； 　　(3) 宾客对于房租、用餐有疑问或其他有关疑问； 　　(4) 客人携带违禁物品(爆竹、烟花、易燃品等)。 4. 其他异状： 　　损坏了客人物品。

培训要领：集中培训，以讲授方式开展。

培训心得(除上述事宜，在工作中你遇到了哪些事需向上级汇报呢)：

表 3-3 清洁房间易忽略的位置培训纲要

要点编码	C-004	管理类别	客房清洁保养——客房清扫准备
培训要点	清洁房间易忽略的位置(环节)		
培训方式	班前会/跟班	培训执行者	楼层主管/资深员工
培训时长	15分钟	建议执行时间	入职2个月内
培训步骤	培训内容		
讲解在清洁走客房过程中易被忽略的位置(环节)	1. 床底下没有吸尘,没有发现下面的遗留物或杂物; 2. 没有检查所有的抽屉以防有遗留物; 3. 没有发现沙发、椅垫下面的污渍、尘埃、杂物; 4. 没有检查衣柜内是否有遗留物; 5. 没有注意取出浴缸活塞、面盆活塞进行清洁; 6. 没有洗抹干净卫生间地板(有头发、有异味); 7. 没有发现冰箱内速冻格内的物品或忘记除霜; 8. 没有细致检查服务指南内页是否有缺页或被划花; 9. 没有发现针线包、擦鞋纸是否被用过。		
讲解在清洁住客房过程中易被忽略的位置(环节)	1. 没有补齐文具夹内物品; 2. 没有补充房间供应物品,如香皂、洗衣单、洗衣袋; 3. 没有抹干净家具和镜面的浮尘(TV、酒板、台灯下); 4. 没有清洁电话; 5. 没有换脏床单或被污染的保护垫、内枕套; 6. 没有清洗垃圾桶或烟灰缸。		

培训要领:班前会时由主管讲解;资深员工以师带徒形式进行培训。

培训心得(除上述事宜,在工作中你认为还有哪些环节易忽略呢):

表 3-4 布草车物品摆放标准培训纲要

要点编码	C-005	管理类别	客房清洁保养——客房清扫准备
培训要点	布草车物品摆放标准		
培训方式	班前会/跟班	培训执行者	楼层主管/资深员工
培训时长	15 分钟	建议执行时间	入职 1 个月内
培训步骤	培训内容		

根据摆放图了解布草车上物品摆放的标准:

酒店资讯册(10 份)		房价表(10 张)		国际信封(10 个)		国内信封(10 个)
信纸(白纸)、传真纸(各 20 张)、宾客意见表(5 份)				干洗、水洗衣单(各 5 份)		酒水单(10 份)
留言纸(50 张)		勿扰卡、擦鞋服务卡(各 5 张)		明信片(各 5 张)		餐巾纸(5 张) 调酒棒(5 个)
勿扰牌 (2 个) 请即清洁牌 (2 张) 正在清洁牌(1 张) 灭蚊水 家私蜡 地毯水 空气清新剂 圆珠笔(22 支)	擦鞋布 (8 个)	针线包 (10 个)	护理套装 (16 个)	浴帽 (15 个)	须刨 (10 个)	牙具(18 个)
			红茶 (22 包)			
	卫生袋 (8 个)	擦鞋器 (10 个)	低因咖啡 (11 包)	绿茶 (22 包)	乌龙茶 (22 包)	火柴(10 个)
						沐浴露(16 个)
	香皂(15 个)		特级咖啡 (11 包)	糖包 (22 包)	梳子 (22 个)	润肤露(4 个)
			咖啡伴侣 (22 包)	赠饮牌 (22 个)		洗发水(16 个)

图 3-1 布草车面层物品摆放标准

面巾纸	拖鞋			
卷纸	枕袋	方巾	面巾	面巾
	金边袋			
地巾	被套		地巾	
浴巾	被单		浴巾	

图 3-2　布草车搁板层物品摆放标准

培训要领:结合图片、实物进行培训。

培训心得:

▲布草车面层(俯视)

▲布草车搁板层(侧视)

表3-5 处理客人在地毯上呕吐污物培训纲要

要点编码	C-009	管理类别	客房清洁保养——房间清洁卫生
培训要点	客人将污物呕吐在地毯上的处理方法		
培训方式	讲授	培训执行者	楼层主管
培训时长	10分钟	建议执行时间	入职3个月内
培训步骤	培训内容		
讲解遇客人将污物呕吐在地毯上的处理方法	1. 了解客人是生病还是醉酒; 2. 如生病,按病客服务程序执行; 3. 如醉酒,按醉酒服务程序执行; 4. 大堂副理到现场进行勘察后马上进行表面清理; 5. 及时安排地毯清洗,以免留下污迹。		

培训要领:集中培训,以讲授方式开展。

培训心得:

表3-6　打扫房间时客人回来应对培训纲要

要点编码	C-010	管理类别	客房清洁保养——房间清洁卫生
培训要点	打扫房间时客人回来的处理方法		
培训方式	跟班	培训执行者	资深员工
培训时长	10分钟	建议执行时间	入职1个月内
培训步骤	培训内容		
讲解打扫房间时客人回来的处理方法	1. 服务员应停下手中的工作主动向客人打招呼问好,同时征求客人意见能否继续打扫; 2. 同时要礼貌地请客人出示其钥匙或HOTEL PASSPORT(酒店通行证),以确认这是该客人的房间; 3. 若客人不清楚,可告知这样做是出于安全目的,以防他人闯入客人房间; 4. 树立自身安全防范意识。		

培训要领:跟班,以师带徒形式进行培训。

培训心得:

表 3-7 整理房间时客人还在房内的应对处理培训纲要

要点编码	C-011	管理类别	客房清洁保养——房间清洁卫生
培训要点	\multicolumn{3}{c}{整理房间时客人还在房内的处理}
培训方式	跟班	培训执行者	资深员工
培训时长	10 分钟	建议执行时间	入职 1 个月内
培训步骤	\multicolumn{3}{c}{培训内容}
讲解整理房间时客人还在房内的处理方法	1. 应向客人道歉并礼貌地询问客人此时是否可以整理房间; 2. 在清理过程中,房门应全开着; 3. 清理过程中,动作要轻,要迅速; 4. 不与客人长谈。如果客人有问话,应礼貌地注视客人并回答; 5. 遇有来访客人,应主动询问客人是否可以继续清理; 6. 清理完毕,应向客人道谢,并主动询问客人是否还需其他服务; 7. 再次向客人道谢,然后退出房间,并轻声关上房门。		
培训要领:跟班,以师带徒形式进行培训。			
培训心得:			

表 3-8 应对新客人已到而房间尚未清理好培训纲要

要点编码	C-012	管理类别	客房清洁保养——房间清洁卫生
培训要点	新客人已到而房间尚未清理好时的处理方法		
培训方式	跟班	培训执行者	资深员工
培训时长	10 分钟	建议执行时间	入职 1 个月内
培训步骤	培训内容		
讲解新客人已到而房间尚未清理好时的处理方法	1. 向客人表示歉意; 2. 礼貌地向客人做解释; 3. 向客人表示立即将房间整理好; 4. 帮客人先将行李放在房内,然后请客人到大堂稍作休息; 5. 房间整理好后,立即通知客人。		
培训要领:跟班,以师带徒形式进行培训。			
培训心得:			

表3-9 房间清洁流程培训纲要

要点编码	C-015	管理类别	客房清洁保养——房间清洁卫生
培训要点	房间清洁流程		
培训方式	跟班	培训执行者	资深员工
培训时长	30分钟	建议执行时间	入职1个月内
培训步骤	培训内容		

根据房间清洁流程,由资深员工对实习生以师带徒形式进行培训:

1. 将布草车推放在客房门口,洗车机整齐摆放。

　　轻敲门两次,每次三下,相隔三秒,按门铃一次,每次报"Housekeeping(客房服务)",按铃两下,清晰地报称"Housekeeping"确定是否有客人反应;如房内无反应,服务员方可用钥匙开门,并再次报称"Housekeeping"。

2. 拿出钥匙开启房门,将房门开启,挂上清洁牌。

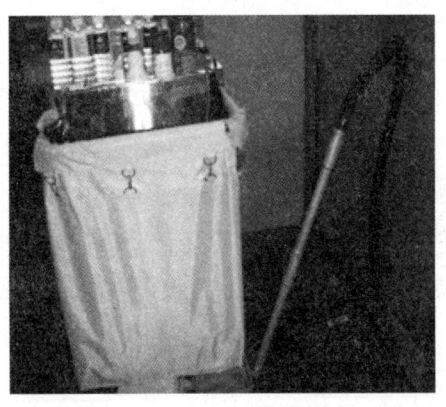

3. 填写进房的时间。

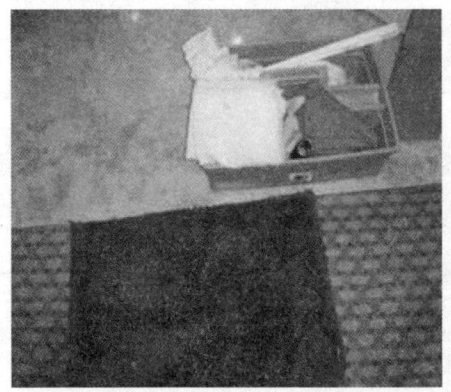

4. 携带清洁篮、小垫毯放在卫生间门口。

续表

5. 撤出客人用过的布草、垃圾,用清洁剂喷洒三缸,以便和污渍反应。

6. 把空调打到16度,风速调成三挡,以保证房间空气清新。

7. 撤掉床上的脏布草。

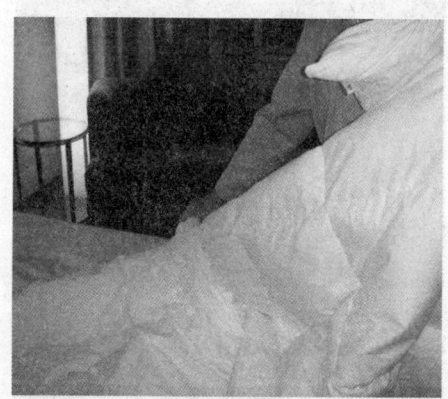

8. 打开窗帘,让房间有足够的光线。如房间光线充足,可以关闭所有的电灯。(节约一度电、一滴水、一张纸,从每个员工做起)

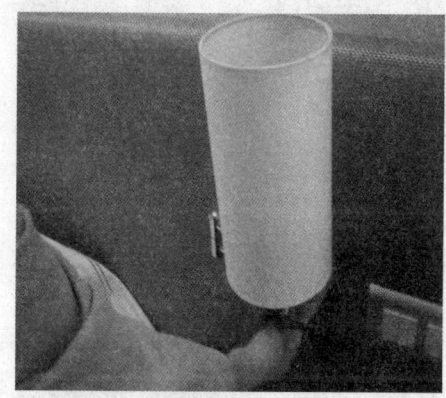

9. 将客人用过的脏布草扔进布草袋。

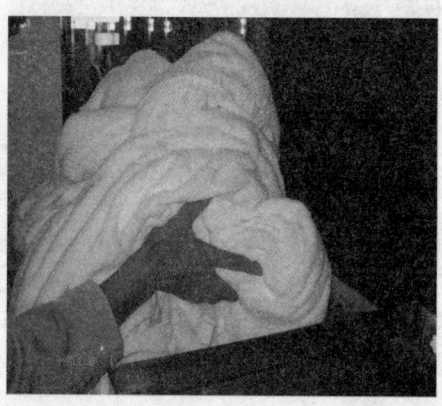

10. 将干净的布草带进房间。

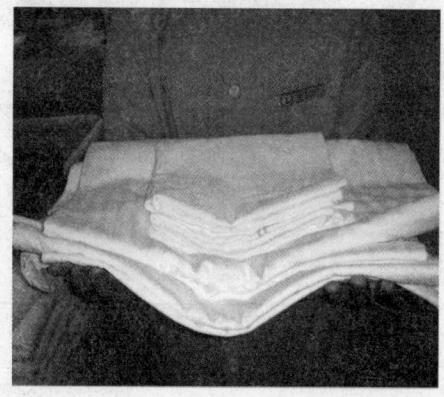

续表

11.铺床单,正面朝上,三线重叠,床面平整。	12.床单包成直角,结实、对称、饱满。
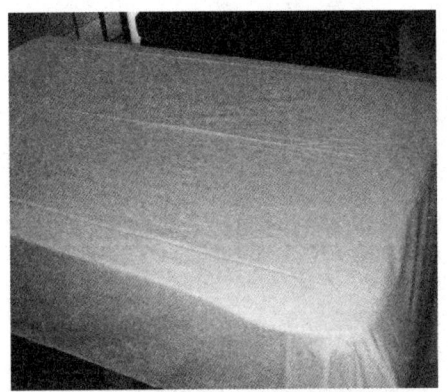	
13.抖开被套,将被芯套入被套。	14.铺好的被子平整、挺括、美观。
	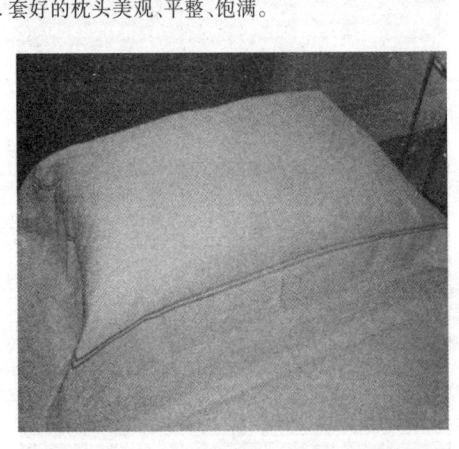
15.抖开枕袋,将枕芯套入。	16.套好的枕头美观、平整、饱满。
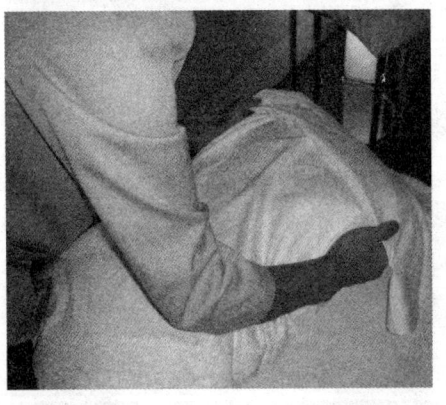	

续表

17. 铺好的整张床平整、美观、挺括。	18. 左手拿干抹布,右手拿湿抹布,抹门、门铃、房号牌、门锁、消防指示图,并检查是否可以正常使用。
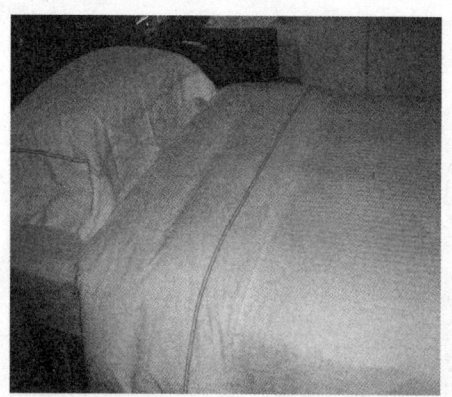	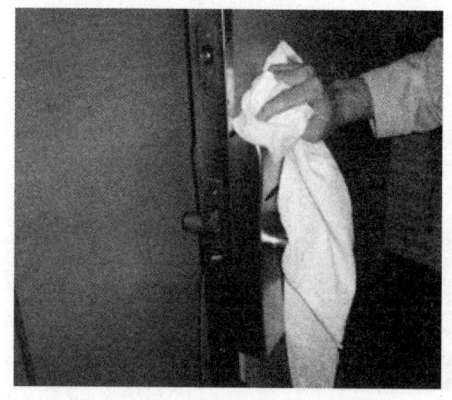
19. 从上至下抹镜子、艺术品、架子及层架,抹木墙面板及不锈钢装饰板。抹吧柜,按照从上到下,从里到外的原则。抹冰箱,保证冰箱无水珠,干净无异味。	20. 用干抹布抹电视,并开启检查,关闭至待机状态。
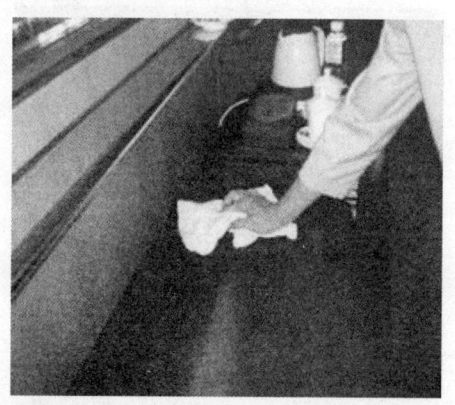	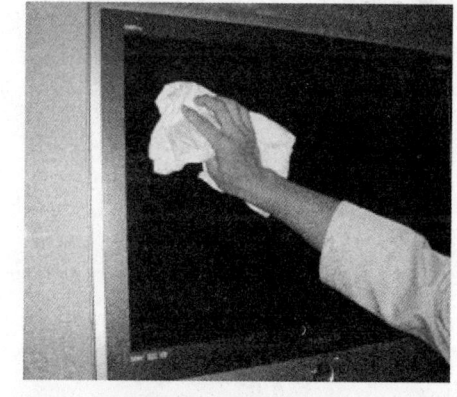
21. 抹皮椅、书台,并检查皮椅、书台有无污渍,有无破损,并按标准摆放。	22. 抹窗台、窗玻璃、铝合金窗框。
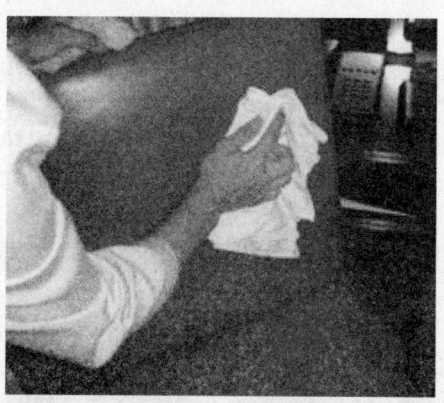	

23. 抹玻璃圆几、沙发、落地灯、落地灯泡、踩脚开关、地脚线,并将灯开亮,并按照标准摆放。

24. 抹墙上挂画、画框及床头板上方边沿木板。

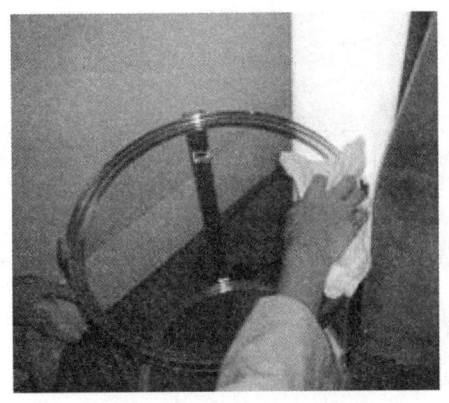
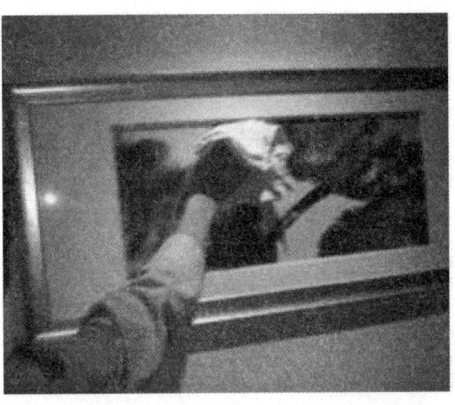

25. 抹床头柜、电话、留言垫、抽屉、应急电筒,并检查电筒电话能否正常使用,并按标准摆放。

26. 抹防毒面具,抹保险箱并检查能否正常使用,洗衣袋、洗衣单是否齐全,并按标准摆放。

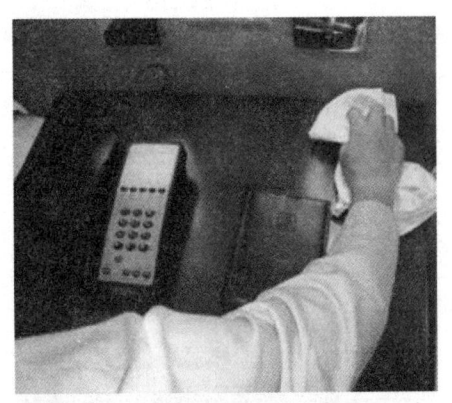

27. 抹衣柜门、木层架、挂衣杆、衣架、衣刷、鞋拔、行李架、鞋篮,并检查能否正常使用,并按标准摆放。

28. 抹卫生间推拉门。

续表

29. 洗洗手盆挂镜、云石台面、小五金、洗手盆里面,按从上到下,从外到里的顺序,并检查设施设备有无损坏。

30. 洗手盆洗干净之后,喷洒消毒水。

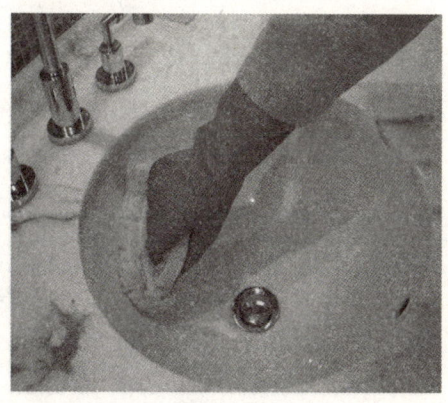

31. 洗淋浴间的花洒、花洒杆、玻璃层架、墙壁、地板、地漏盖,保证无污渍,无异味。

32. 抹洗手盆:用一条干净的抹布抹洗手盆里面,再抹镜子、小五金、云石台面、玻璃盘、漆盘。

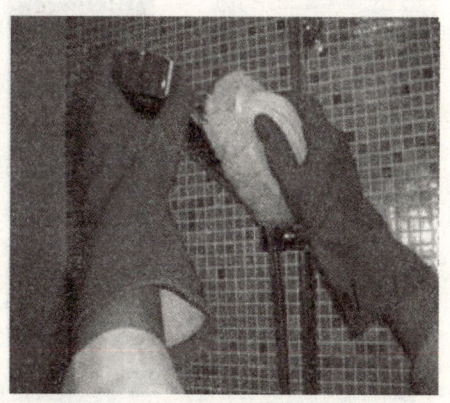
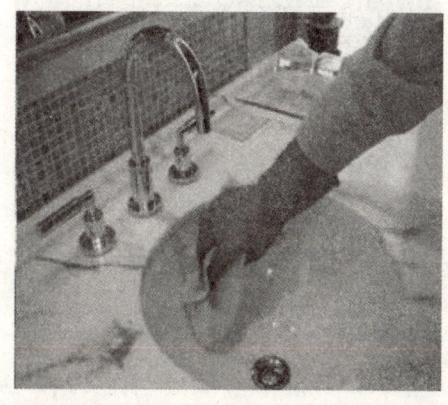

33. 洗马桶:换上黑手套,先洗马桶座板,再洗水箱、面板、马桶边缘、外壁、内壁。

34. 马桶洗干净之后,喷洒消毒水。

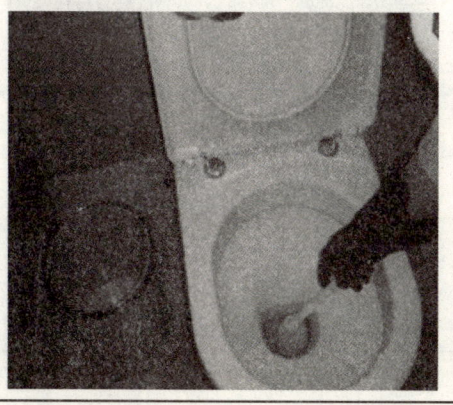

续表

35. 抹马桶：先抹马桶座板、水箱、面板、盖板、马桶边缘，再抹外壁、内壁、卫生间地板。

36. 撤出清洁篮、小地毯，放回车上。

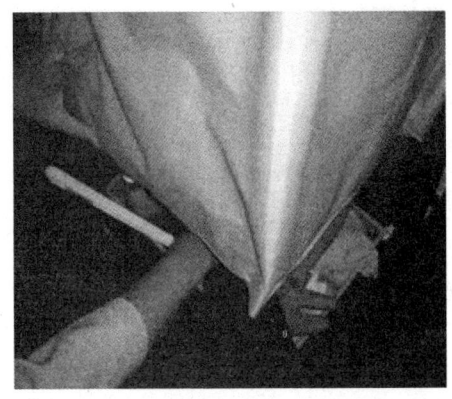

37. 补充易耗品及巾类。

38. 补充牙具、小方巾、卷纸，并按标准摆放。

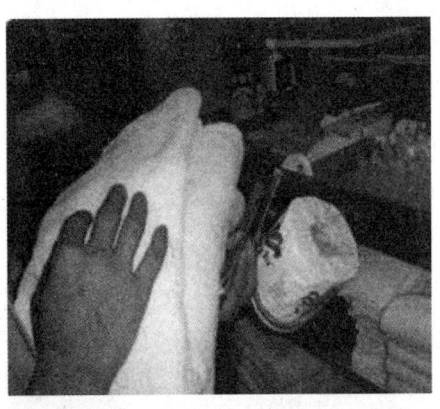
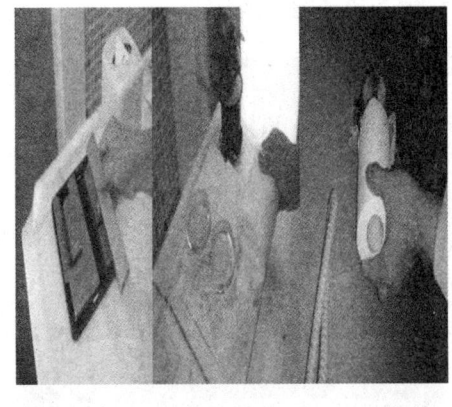

39. 吸尘，吸房间边角位、床边、床底，尘机耙头向同一方向推拉，确保地毯干净、柔顺。

40. 将空调调到1挡20度，并环视房间五秒，检查是否有其他物品遗漏在房间。

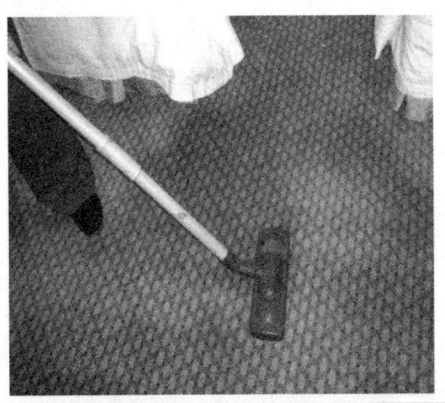
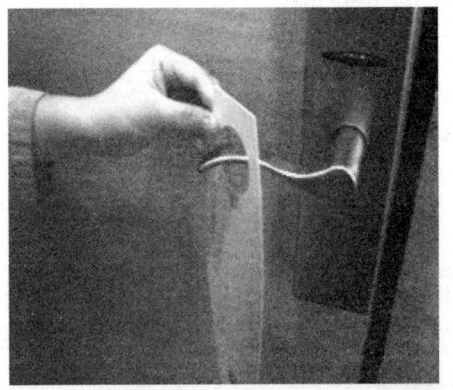

续表

41. 拔取电牌。 	42. 取下清洁牌。将房门关上。 
43. 在报表上写上离房时间并记录特殊情况。 	

培训要领：＊跟班培训，以师带徒方式由资深员工进行培训。
　　　　　＊清洁不同类型客房，清洁流程稍有区别。

培训心得（各酒店客房部的清扫流程大同小异，请在此处将你实习酒店的清洁流程简要列出）：

表 3-10 客房杯具清洁及消毒培训纲要

要点编码	C-018	管理类别	客房清洁保养——房间清洁卫生
培训要点	客房杯具清洁及消毒		
培训方式	跟班培训	培训执行者	资深员工
培训时长	20 分钟	建议执行时间	入职 1 个月内
培训步骤	培训内容		
1. 清洁	客人使用的杯具必须每天消毒一次,消毒工作必须在消毒间内完成。在杯具放入消毒柜前,必须在指定的洗涤盆里冲洗干净,然后用干布抹干。		
2. 消毒	将杯具的杯口朝下放在消毒柜的铁架上,而杯盖则放在铁架最下层。关上消毒柜门后,按下红色按钮,消毒开始。 不耐热的杯具要使用国家卫生部门认可的消毒剂进行消毒。 杯具的存放不能过密,耐温低于 150 摄氏度的杯具不能放入消毒柜里消毒。		
3. 取杯	消毒温度达 125 摄氏度后,消毒柜自动断电,约 15 分钟后可取出杯具。 取杯时要切记戴上专用手套,把整个铁架取出。 如无须马上使用杯具,不要打开消毒柜门,而柜内杯具的消毒效果可保持 7 天。		
4. 存放	从消毒柜取出的杯具必须马上存放在消毒间的杯柜里,存 48 个小时后必须重新消毒。		

培训要领:＊师带徒方式,实习生跟随资深员工操作学习。
　　　　　＊注意安全操作。

培训心得:

表 3-11 客房夜床服务流程培训纲要

要点编码	C-020	管理类别		客房清洁保养——房间清洁卫生
培训要点		客房夜床服务流程		
培训方式	跟班	培训执行者		资深服务员
培训时长	20 分钟	建议执行时间		入职 3 个月内
培训步骤		培训内容		

根据房间夜床服务流程,由资深员工对实习生以师带徒形式进行培训:

1. 着装整齐,精神饱满,将布草车推放在客房门口。

2. 按程序开启房门,挂上清洁牌。

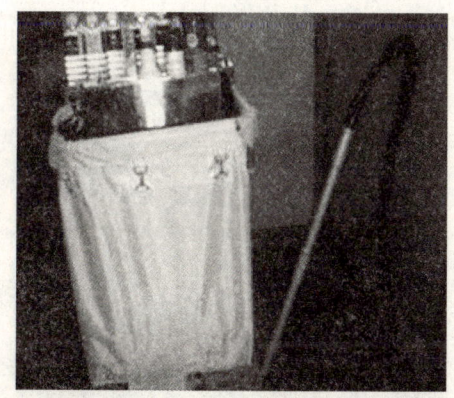

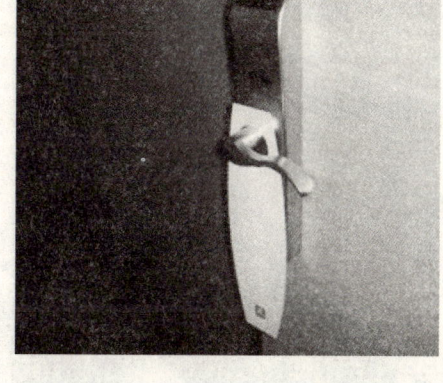

3. 填写进房的时间。

4. 将报纸(内地客人放本地代表性日报,港澳客人放文汇报,外国客人放中国日报)、晚安地巾、送餐牌、夜床小吃一起拿进房间。

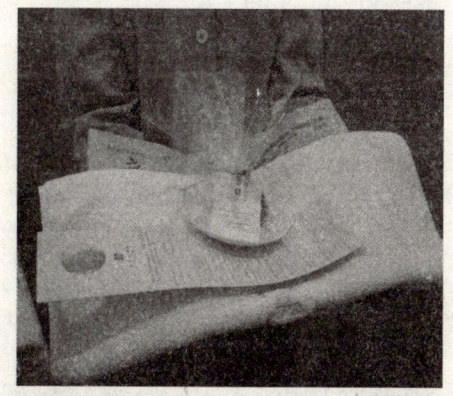

5. 报纸放在书台外弧顶角上①(报纸种类视客人客源而定)。关掉书台台灯。

6. 曲奇放在茶几中央,左上角放赠饮水,右上角放有纸杯盖的高杯,三边距离5厘米。②

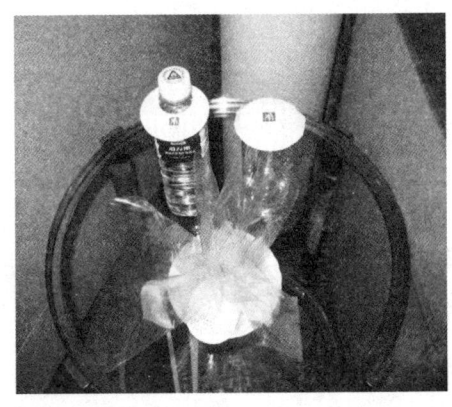

7. 将厚窗帘拉上。将落地灯关上。

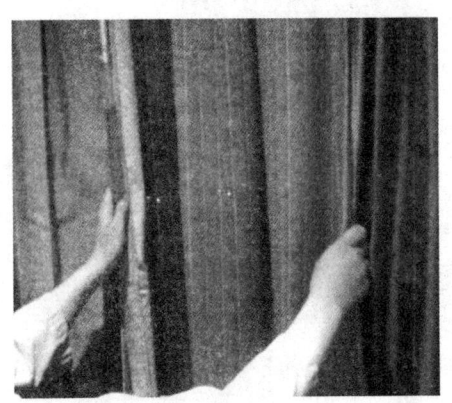

8. 将被子的一角折成90度角。在枕头上放上餐牌。

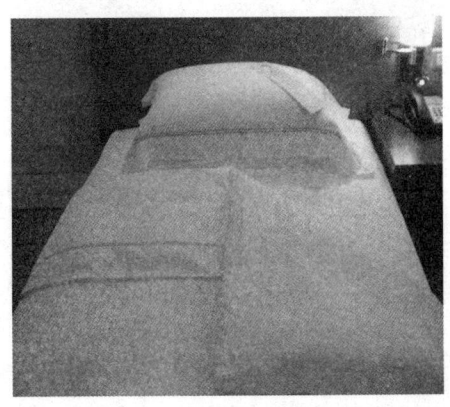

9. 在床头之间放上晚安地巾。③

10. 在晚安地巾的一侧放上一(两)对拖鞋,关一盏床头灯(视入住人数而定)。

续表

11. 将浴衣从衣柜取出,挂在浴衣杆上。(根据入住的人数来挂放)	12. 将放在浴巾架上的浴巾取下,挂在淋浴间的不锈钢把手上。
	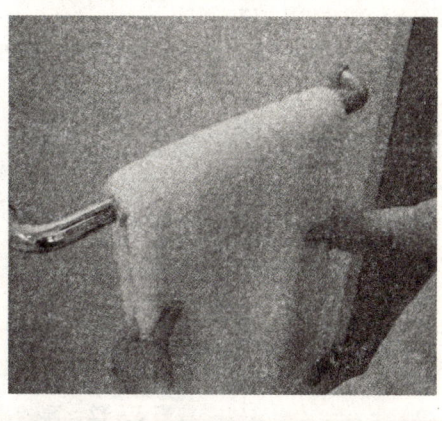
13. 拔出取电牌。	14. 取下清洁牌。
	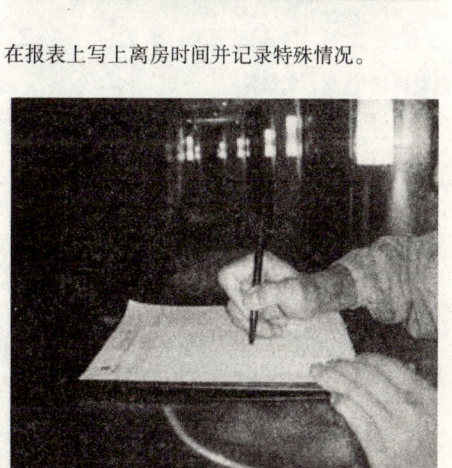
15. 将房门关上。	16. 在报表上写上离房时间并记录特殊情况。

续表

培训要领：
①报纸通常摆放在书桌上。书桌形状各异,摆放位置按酒店规定；
②是否摆放、摆放物品因酒店而异；
③有些酒店晚安地巾摆两条,分别摆在两张单人床外侧。

培训心得：

表 3–12 窗纱、床帘、遮光布拆洗培训纲要

要点编码	C–054	管理类别	客房清洁保养——房间清洁卫生
培训要点			窗纱、床帘、遮光布拆洗
培训方式	讲授	培训执行者	楼层主管
培训时长	10分钟	建议执行时间	入职6个月内
培训步骤		培训内容	
讲解客房窗纱、床帘、遮光布等大件布草的周期性拆洗	1. 按预定的计划卫生安排,将床上用品、窗纱、窗帘、遮光布拆下,放在布草车内； 2. 送洗涤部送洗、烘干,洗好后再按原样将床上用品套好,窗纱、窗帘、遮光布挂好即可。		

培训要领：* 注意安全操作。
* 本项目为计划卫生项目,培训重点在于计划卫生的安排。

培训心得：

表 3 – 13　淋浴间石墙面和边缝位清洁培训纲要

要点编码	C – 055	管理类别	客房清洁保养——房间清洁卫生
培训要点	\multicolumn{3}{c}{淋浴间石墙面和边缝位清洁}
培训方式	跟班	培训执行者	资深员工
培训时长	10 分钟	建议执行时间	入职 1 个月内
培训步骤	\multicolumn{3}{c}{培训内容}
讲解清洁客房时对淋浴间石墙面和边缝位的清洁方法	\multicolumn{3}{l}{1. 用清水先将石墙面、边缝位置冲洗一遍； 2. 喷上清洁剂,边缝位喷少许洁而亮,用专用刷刷洗墙面和边缝位置； 3. 用清水冲洗干净后,用玻璃刮刮干水用抹布将墙面、地板擦干即可。}

培训要领：*边缝位如不及时清洁,容易发黑。

培训心得：

表3-14 检查退房的流程培训纲要

要点编码	C-058	管理类别		客房清洁保养
培训要点		检查退房的流程		
培训方式	跟班	培训执行者		资深员工
培训时长	10分钟	建议执行时间		入职3个月内
培训步骤		培训内容		
讲解客人退房时检查的流程	1. 接到服务中心的通知后,记录好退房的房号; 2. 按照既定规程敲门进房; 3. 走环形路线对房间进行检查; 4. 查看客房迷你吧的酒水、房间物品是否齐全,客人是否有遗留; 5. 将客人遗留、消耗和损坏的物品及数量报到前台或服务中心; 6. 退出,关房门。			

培训要领:＊跟班培训,资深员工师带徒进行培训。

培训心得:

表 3-15 走廊消防栓清洁培训纲要

要点编码	C-069	管理类别	客房清洁保养——楼层公共区域清洁
培训要点	走廊消防栓清洁		
培训方式	跟班	培训执行者	资深员工
培训时长	10 分钟	建议执行时间	入职 3 个月内
培训步骤	培训内容		
讲解走廊消防栓清洁	1. 打开消防栓,用一块半干湿抹布从上而下、从里而外将摆放在里面的消防器材抹一遍; 2. 检查消防器材有没有被人损坏或到期; 3. 合上消防栓门,检查门是否闭合正常; 4. 用抹布将门外玻璃抹一遍。		
培训要领:*跟班培训,资深员工师带徒进行培训。			
培训心得:			

表 3-16　床垫保养培训纲要

要点编码	C-089	管理类别	客房清洁保养——客房保养
培训要点	床垫保养		
培训方式	跟班	培训执行者	资深员工
培训时长	10 分钟	建议执行时间	入职 4 个月内
培训步骤	培训内容		
讲解床垫保养要领	1. 先将床垫按正、反、头、尾分为 4 个方向,分别代表一个季度; 2. 可按春夏秋冬来划分时间表,每个季节将床垫的相应季度显示在床尾位置,以保证床垫一年四季平均受力。 3. 用吸尘机对床垫表面吸尘清洁。		
培训要领:*计划卫生项目,师带徒形式在安排做此项工作时主要以讲解、培训的形式进行。			
培训心得:			

表3-17 地毯去渍培训纲要

要点编码	C-097	管理类别	客房清洁保养——客房保养
培训要点	地毯去渍		
培训方式	跟班	培训执行者	资深员工
培训时长	10分钟	建议执行时间	入职6个月内
培训步骤	培训内容		

由资深员工按地毯去渍的操作程序向实习生进行讲解:

1. 发现污渍。

2. 准备地毯清洁工具:水瓢、手套、地毯除渍剂、抹布、毛刷。

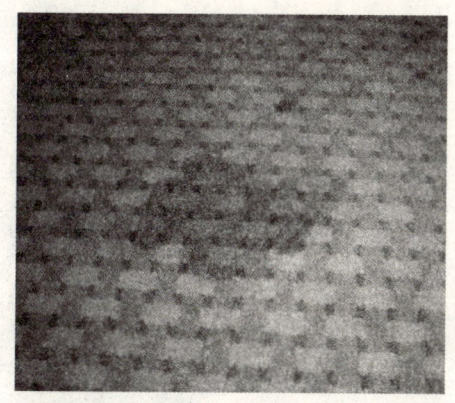

3. 戴手套。

4. 喷地毯除渍剂在污渍上。注意喷洒均匀、适量。

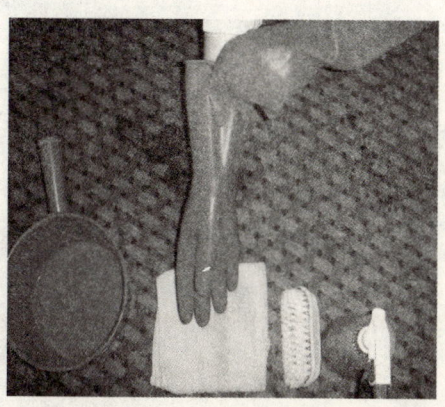
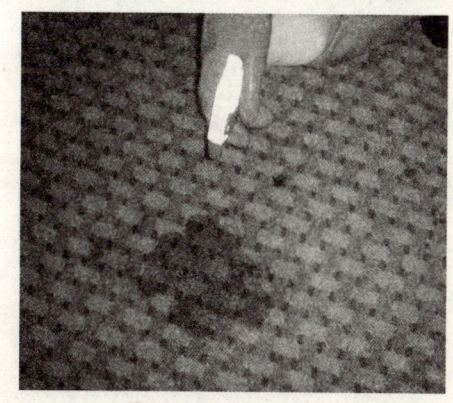

续表

5.用毛刷来回刷洗直至污渍刷洗干净。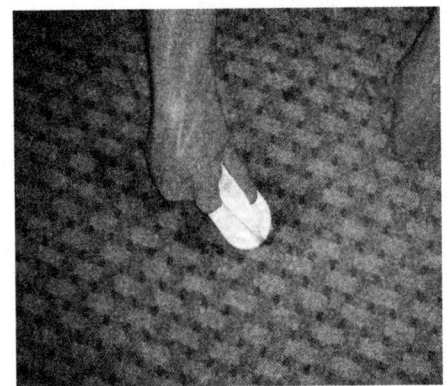	6.稍用清水刷洗。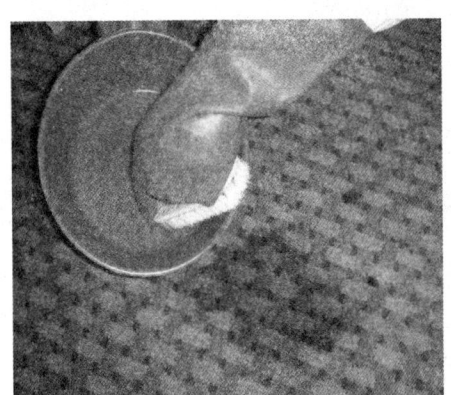
7.抹干:用干抹布将地毯吸干。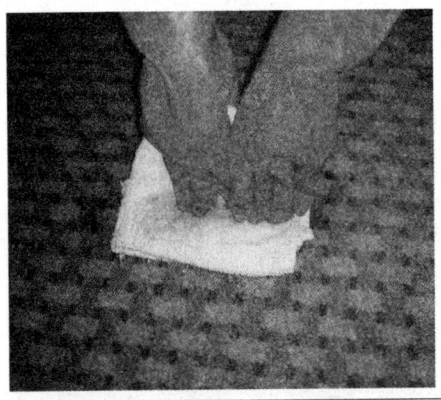	
培训要领:跟班培训,以师带徒形式进行培训。	
培训心得:	

表3-18 处理房间异味培训纲要

要点编码	C-103	管理类别	客房清洁保养——客房保养
培训要点	房间异味处理方法		
培训方式	讲授	培训执行者	楼层主管
培训时长	10分钟	建议执行时间	入职6个月内
培训步骤	培训内容		
讲解房间出现异味的处理方法	工具:抽湿机、空气净化机。 方法:发现房间有异味,先通知服务中心封房,打开门窗通风换气;房间放置抽湿机和空气净化机运行去异味。若异味仍无法去除的,再通知工程人员在房间寻找异味的源头。		
培训要领:集中培训,以讲授方式开展。			
培训心得:			

表 3-19 使用吸尘机培训纲要

要点编码	C-108	管理类别	客房清洁保养——清洁设备使用方法
培训要点	吸尘机的使用方法		
培训方式	讲授	培训执行者	楼层主管
培训时长	20分钟	建议执行时间	入职1个月内
培训步骤	培训内容		
讲解吸尘机的使用方法	1. 使用前必须检查电线是否有破损,插头是否破裂或松脱,以免引起触电事故; 2. 检查吸尘机头有无隔尘网片,机身耳钩是否损坏或丢失; 3. 拉吸尘时要一手抓吸尘机吸管,另一只手拉着吸尘机的把手,这样可方便拉动,避免碰撞其他物体; 4. 要检查吸耙转动是否灵活,发现有问题要报告检修,以免损坏吸耙头和底部铁盒; 5. 吸尘机堵塞时,不要继续使用,以免增加吸尘机的负荷,烧坏电动机头; 6. 发现地毯上有大件物体和尖硬物体时要捡起,如用吸尘机吸会损坏内部机件或造成吸管堵塞; 7. 吸尘后要检查吸尘机的轮子是否缠绕有杂物,要及时清理、加油; 8. 吸尘机每天使用完毕后,必须清理蓄尘袋,抹干净机身,将机头与机身分拆摆放好,并定期对蓄尘袋进行对吸; 9. 不要用吸尘机吸水或用水冲洗蓄尘袋,以免堵塞蓄尘袋网眼、烧坏主机,吸管可拆出单独用水冲洗,但要等晾干后方可使用; 10. 如有损坏要及时报修。		
培训要领:集中培训,以讲授方式开展。			
培训心得:			

表 3-20 清洁保养吸尘机培训纲要

要点编码	C-109	管理类别	客房清洁保养——清洁设备使用方法
培训要点			吸尘机的清洁保养
培训方式	跟班	培训执行者	资深员工
培训时长	20 分钟	建议执行时间	入职 1 个月内
培训步骤			培训内容

资深员工对吸尘机进行清洁保养,同时向实习生讲解程序及注意事项:

1. 准备干湿抹布、胶手套、黑色垃圾袋,放在报纸上。

2. 将尘机盖打开。

3. 将尘机头打开,放于垫在报纸的地板上,同时检查有无损坏。

4. 将尘机桶内的蓄尘袋从吸管口拆下,轻拿起放于垫有报纸的地板上,同时检查蓄尘袋有无破损。

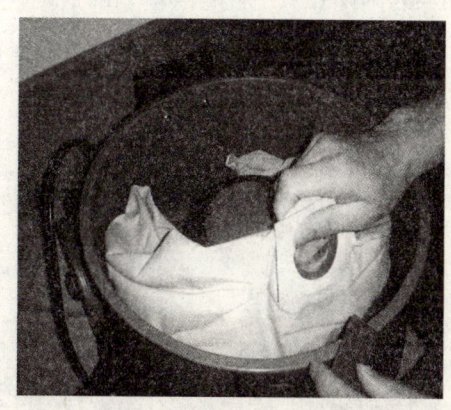

续表

5. 拆尘袋尾部的夹管,把尘袋放进大垃圾袋里,并封紧垃圾袋口。	6. 用半湿抹布由里到外抹尘机头。
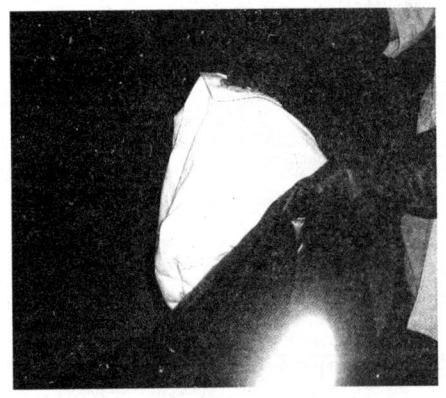	
7. 用半湿抹布由里到外抹尘机内槽,同时检查有无损坏。	8. 将尘机装回尘机内槽。
	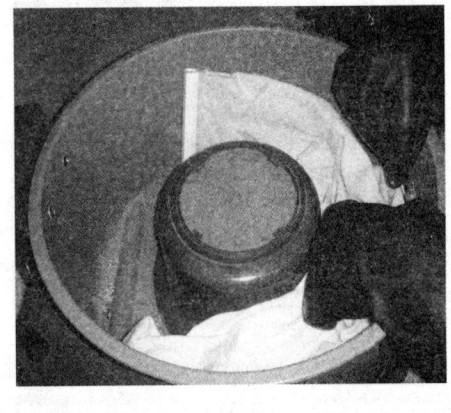
9. 用半湿抹布抹电源线,同时检查电源线有无破损。	10. 将清洁好的电源线缠绕在尘机的边缘。
	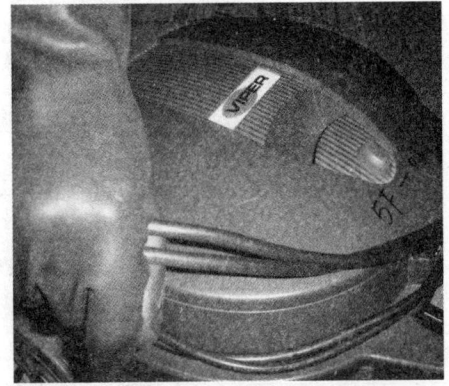

续表

11. 用半干湿的抹布抹尘机软管,同时检查软管有无破损,管内有无堵塞。	12. 用半干湿的抹布抹尘机耙头,同时检查有无损坏。
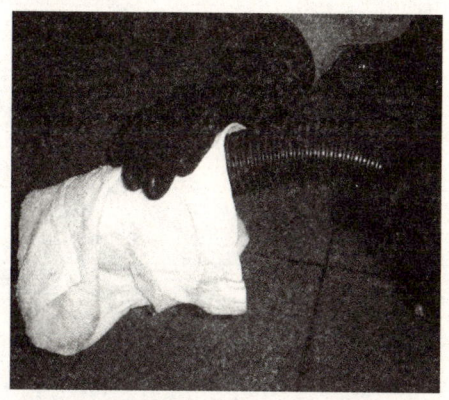	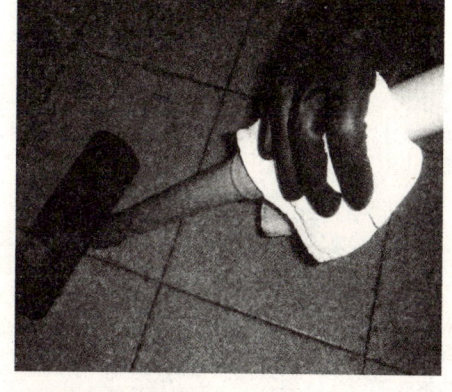
13. 将清洁好的软管套入耙头。	14. 将清洁好的吸尘机放进工作间内。
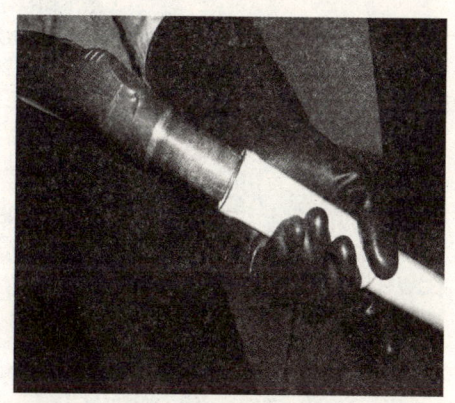	

培训要领:集中培训,以讲授方式开展。

培训心得:

表3-21 清洁剂使用的注意事项培训纲要

要点编码	C-115	管理类别	客房清洁保养——清洁剂使用方法
培训要点	清洁剂使用的注意事项		
培训方式	讲授	培训执行者	楼层主管
培训时长	10分钟	建议执行时间	入职2个月内
培训步骤	培训内容		
介绍清洁剂使用的注意事项	1. 酸性清洁剂和碱性清洁剂不可交替使用； 2. 酸性清洁剂只适用于瓷面和地砖、麻石这些物质，其余一律不能使用酸性清洁剂； 3. 无论使用哪种清洁剂都要彻底过清水； 4. 清洁剂或多或少都有一定腐蚀性，使用时尽可能做好一切保护措施； 5. 从环保角度考虑，可以不用清洁剂就尽量不要使用。		
培训要领：集中培训，以讲授方式开展。			
培训心得：			

表 3-22 中性全能清洁剂使用方法培训纲要

要点编码	C-117	管理类别	客房清洁保养——清洁剂使用方法
培训要点			中性全能清洁剂的使用方法
培训方式	讲授	培训执行者	楼层主管
培训时长	10 分钟	建议执行时间	入职 2 个月内
培训步骤			培训内容
介绍中性全能清洁剂的使用方法	 特点:用途广泛,具有杀菌除臭功效。 作用:性质温和的清洁剂,用于瓷面、地砖、木地板、石面等一般污渍及消毒杀菌使用。 用法:根据使用对象从 1:20~1:150 稀释。 要求:无特殊要求。		
培训要领:集中培训,以讲授方式开展。			
培训心得:			

表3-23 地毯除渍剂使用方法培训纲要

要点编码	C-123	管理类别	客房清洁保养——清洁剂使用方法
培训要点	地毯除渍剂的使用方法		
培训方式	讲授	培训执行者	楼层主管
培训时长	10分钟	建议执行时间	入职2个月内
培训步骤	培训内容		
介绍地毯除渍剂的使用方法	特点：对编织物和纤维作用温和、低泡。 作用：采用喷射或抽洗的方式对编织物的局部污渍进行溶解，水溶性和油溶性的污渍均适用。 用法：1∶5稀释，直接喷射。多用于预喷程序使用，直接喷于污渍面，必要时可用软刷轻刷以提高功效。 要求：无特殊要求。		
培训要领：集中培训，以讲授方式开展。			
培训心得：			

表 3-24 玻璃清洁剂使用方法培训纲要

要点编码	C-125	管理类别	客房清洁保养——清洁剂使用方法
培训要点	玻璃清洁剂的使用方法		
培训方式	讲授	培训执行者	楼层主管
培训时长	10 分钟	建议执行时间	入职 2 个月内
培训步骤	培训内容		
介绍玻璃清洁剂的使用方法	 特点:适用于任何水洗表面,有防止灰尘黏附的功效。 作用:迅速清除玻璃表面的一般污渍,清洗后不留痕迹。 用法:除渍时在毛巾上喷少许轻抹即可,水洗玻璃时稀释比例为 1:8~1:10。 要求:无特殊要求,配合洗洁精使用效果更佳。		
培训要领:集中培训,以讲授方式开展。			
培训心得:			

三、培训检阅

表3-25 客房清洁与保养培训状况总结表

培训要点	C-001	C-002	C-003	C-004	C-005
培训日期					
培训导师					
培训要点	C-006	C-007	C-008	C-009	C-010
培训日期					
培训导师					
培训要点	C-011	C-012	C-013	C-014	C-015
培训日期					
培训导师					
培训要点	C-016	C-017	C-018	C-019	C-020
培训日期					
培训导师					
培训要点	C-021	C-022	C-023	C-024	C-025
培训日期					
培训导师					
培训要点	C-026	C-027	C-028	C-029	C-030
培训日期					
培训导师					
培训要点	C-031	C-032	C-033	C-034	C-035
培训日期					
培训导师					
培训要点	C-036	C-037	C-038	C-039	C-040
培训日期					
培训导师					

续表

培训要点	C-041	C-042	C-043	C-044	C-045
培训日期					
培训导师					
培训要点	C-046	C-047	C-048	C-049	C-050
培训日期					
培训导师					
培训要点	C-051	C-052	C-053	C-054	C-055
培训日期					
培训导师					
培训要点	C-056	C-057	C-058	C-059	C-060
培训日期					
培训导师					
培训要点	C-061	C-062	C-063	C-064	C-065
培训日期					
培训导师					
培训要点	C-066	C-067	C-068	C-069	C-070
培训日期					
培训导师					
培训要点	C-071	C-072	C-073	C-074	C-075
培训日期					
培训导师					
培训要点	C-076	C-077	C-078	C-079	C-080
培训日期					
培训导师					

续表

培训要点	C-081	C-082	C-083	C-084	C-085
培训日期					
培训导师					
培训要点	C-086	C-087	C-088	C-089	C-090
培训日期					
培训导师					
培训要点	C-091	C-092	C-093	C-094	C-095
培训日期					
培训导师					
培训要点	C-096	C-097	C-098	C-099	C-100
培训日期					
培训导师					
培训要点	C-101	C-102	C-103	C-104	C-105
培训日期					
培训导师					
培训要点	C-106	C-107	C-108	C-109	C-110
培训日期					
培训导师					
培训要点	C-111	C-112	C-113	C-114	C-115
培训日期					
培训导师					
培训要点	C-116	C-117	C-118	C-119	C-120
培训日期					
培训导师					

续表

培训要点	C-121	C-122	C-123	C-124	C-125
培训日期					
培训导师					
培训要点	C-126	C-127	C-128	C-129	C-130
培训日期					
培训导师					
培训要点	C-131	C-132	C-133	C-134	C-135
培训日期					
培训导师					
培训要点	C-136	C-137	C-138	C-139	C-140
培训日期					
培训导师					
培训要点	C-141				
培训日期					
培训导师					

除了上述的内容,你在实习酒店还掌握了哪些清洁技能?列举一下:

第四章 楼层对客服务

一、在校学习内容回顾(X类)

在学校已经学习了叫醒服务流程、遗留物品的处理等内容,你还记得吗?对以下内容,请同学们以自习的方式进行复习回顾。

表4-1 楼层对客服务校内学习回顾表

培训目录	培训日期	编号	培训方式
客人要求换房的处理	第三个月	GS-003	自习
新客入住接待流程	第一个月	GS-018	自习
叫醒服务流程	第三个月	GS-020	自习
遗留物品的处理	第三个月	GS-053	自习
客人遗留物品的分类处理	第三个月	GS-054	自习

二、在岗培训内容(Y类、Z类)

表4-2 客史档案汇总及更新培训纲要

要点编码	GS-002	管理类别	楼层对客服务——杂项
培训要点	客史档案的汇总及更新		
培训方式	讲授	培训执行者	楼层主管
培训时长	15分钟	建议执行时间	入职4个月内
培训步骤	培训内容		
讲解如何汇总及更新客史档案	1.建档。酒店为入住过的客人建立客史档案。初步内容主要记录客人姓名、性别、年龄、出生年月、婚姻状况以及通信地址、电话号码、公司名称、职务等。 2.汇总。酒店通过多种途径收集、汇总客人信息: ·通过留置宾客意见书收集客人提出的意见; ·各部门员工在服务中要用心倾听、细心服务,认真感受客人的一举一动,捕捉机会,尽可能多地获取顾客信息; ·向客户赠送"优待卡"或"贵宾卡",借此机会获取顾客相应的信息。 3.更新。对没记载的客人资料要更新;已有资料的客人新的消费记录等要更新。		
培训要领:集中培训,以讲授方式开展。			
培训心得:			

表 4-3 处理客人换房要求培训纲要

要点编码	GS-003	管理类别	楼层对客服务——杂项
培训要点		客人要求换房的处理	
培训方式	自习/讲授	培训执行者	楼层主管
培训时长	10 分钟	建议执行时间	入职 3 个月内
培训步骤		培训内容	
讲解遇到客人要求换房如何处理	1. 首先了解换房的原因,如属房间设备问题,除为客人换房外,还须及时通知工程部检修; 2. 和接待部联系,由接待部安排换房; 3. 由行李员将房间钥匙拿到客人房间更换; 4. 查看客房是否有客人遗留物品。		

培训要领:通过培训资料自习,或安排主管集中培训讲授。

培训心得:

表 4-4 处理客人不会使用客房设备培训纲要

要点编码	GS-004	管理类别	楼层对客服务——杂项
培训要点	客人不会使用客房设备的处理		
培训方式	自习/讲授	培训执行者	楼层主管
培训时长	10分钟	建议执行时间	入职3个月内
培训步骤	培训内容		
讲解遇到客人不会使用客房设备如何处理	1. 不能面露瞧不起客人或不耐烦的神情; 2. 根据客人要求,对设备使用方法进行说明; 3. 必要情况下进行示范; 4. 告诉客人如有疑问,可及时联系客房服务中心。		
培训要领:通过培训资料自习,或安排主管集中培训讲授。			
培训心得:			

表 4-5　处理生日客人住店培训纲要

要点编码	GS-005	管理类别	楼层对客服务——杂项
培训要点	客人住店恰逢其生日时如何处理		
培训方式	自习/讲授	培训执行者	楼层主管
培训时长	5 分钟	建议执行时间	入职 3 个月内
培训步骤	培训内容		
讲解当得知住店客人恰逢生日应如何处理	1. 获知此信息的员工应及时将此情况报告给大堂副理； 2. 大堂副理安排餐饮部准备一份生日蛋糕送给客人； 3. 通告其他服务员遇到该名当天生日的客人，应礼貌地祝其生日愉快。		
培训要领:通过培训资料自习，或安排主管集中培训讲授。			
培训心得:			

表 4-6　接待重要客人需了解的内容培训纲要

要点编码	GS-006	管理类别	楼层对客服务——迎宾
培训要点	接待重要客人需了解的内容		
培训方式	自习/讲授	培训执行者	楼层主管
培训时长	10分钟	建议执行时间	入职6个月内
培训步骤	培训内容		
讲解接待重要客人需了解的内容	1. 知宾客到店时间(机、船、车班次)。 2. 知国籍。 3. 知人数和团体名称。 4. 知身份。 5. 知生活标准。 6. 知接待单位和收费办法。 7. 了解客人的特殊要求。 8. 了解客人风俗习惯和生活特点。 9. 了解活动日程。 10. 了解退房、离店时间(机、船、车班次)。		

培训要领:通过培训资料自习,或安排主管集中培训讲授。

培训心得:

表4-7 迎送电梯服务流程培训纲要

要点编码	GS-008	管理类别	楼层对客服务——迎宾
培训要点	迎送电梯服务流程		
培训方式	跟班/讲授	培训执行者	楼层主管/资深员工
培训时长	20分钟	建议执行时间	入职6个月内
培训步骤	培训内容		
迎	迎宾	听到电梯铃响,即站到电梯门边。正常情况下,电梯铃响时,服务员应停止有关工作,及时做好迎电梯的准备。	
	扶电梯门	当电梯门开启时,内侧手扶电梯活动门,外侧手自然向后收于背后,身微鞠躬,恭请客人出电梯。	
	问候宾客	面带微笑向客人问好并报称楼层(早上好/下午好/晚上好!这是××楼。请问有什么可以帮您吗?〈Good morning/afternoon/evening! The ** floor. May I help you?〉)要有礼貌,音调要适中,做到大方得体。	
	指引方向	询问客人入住的房号并伸手指引客人到入住房间的方向。(可以告诉我您的房号吗?先生/小姐/女士,请这边走。希望您在这里过得愉快。〈May I have your room number? Sir/Miss/Madam ***, This way, please. Hope you enjoy your stay here with us.〉)对于刚入住的客人要热情,主动询问客人入住的房号并伸手示意指引客人到房间的方向,对于熟客应以姓氏称呼客人,以示亲切,已入住的客人则直接伸手示意指引客人到房间的方向。	
	目送(引领)客人入房	目送客人进入房间。目送客人进入房间,当客人行李多时,应做好替岗主动帮忙,遇VIP客人则应将其带至房间。	
送	代按电梯	看到(听到关门声)客人走出房门后,应迅速主动替客人按电梯。	
	招呼客人	循声判断客人自哪一边到电梯门前,见到客人时主动向客人问好,并以手示意客人乘电梯的方向,并询问客人是否下楼层。(早上好/下午好/晚上好!先生/小姐/女士。〈Good morning/afternoon/evening! Sir/Miss/Madam.〉)注意要有礼貌,面带微笑向客人打招呼,称呼客人的姓氏。	
	手扶梯门	当电梯门开启时,内侧手扶电梯活动门,外侧手自然向后收于背后,腿站直,身微鞠躬,恭请客人进电梯。(请这边走〈This way, please.〉)当电梯门开启时,应与电梯呈30度角,面带微笑,腿站直,身微鞠躬,内侧手要扶稳电梯活动门以免电梯门反弹上关上夹到客人。	
	送别	待客人进入电梯后方可松开扶梯门的手,两手交叉于背后,站在电梯门外向客人道别,(再见!祝您一路顺风。〈Good-bye! And have a good journey home.〉)往后退一步约50厘米,与电梯呈30度角,面带笑容,面向客梯,目送客人,直至电梯门完全关上。	

培训要领:设有台班的酒店有此项服务。不设台班时,针对VIP客人可提供本项服务。

培训心得:

表4-8　送茶水服务流程培训纲要

要点编码	GS-009	管理类别	楼层对客服务——迎宾
培训要点	送茶水服务流程		
培训方式	跟班/讲授	培训执行者	楼层主管
培训时长	10分钟	建议执行时间	入职6个月内
培训步骤	培训内容		
讲解送茶水服务流程	1. 手指微弯曲,以中指第二关节部位轻敲门二次,每次三下,并报称"Housekeeping(客房服务)"(相隔2~3秒钟)。按铃,清晰地报称"Housekeeping"并等客人反应。 2. 如听到客人有回音,服务员应说:"早上好。我是客房服务员,请问现在我能为您送茶水吗?"并等客人开门(等5秒钟)。 3. 客人打开门时,服务员要微笑着说:"欢迎您入住××大酒店,这是我们特地为您准备的欢迎茶。请问我能进来吗?" 4. 上茶时,先客后主、先女后男,视客人所坐的位置上茶,并均应从客人右手边的位置上茶;手握杯垫或杯耳,将茶杯放到茶几上近客人距茶几边10厘米左右位置,保持杯身平衡,放杯时尽量不要太大声响;如是普通茶杯,则茶杯的杯耳应摆在客人的右手边。 5. 伸出右手做一个请客人用茶的手势,轻声说:"请用茶。" 6. 站立姿势端正,面带微笑地向客人说:"如有什么事需要我们帮忙,请电话'3'与我们联系。" 7. 退后一步,然后转身步出房间,轻轻关上门。		

培训要领:主管集中培训讲授或资深员工师带徒培训。

培训心得:

表 4-9　派发客人自带水果、礼品培训纲要

要点编码	GS-011	管理类别	楼层对客服务——迎宾
培训要点	派发客人自带水果、礼品		
培训方式	跟班/讲授	培训执行者	楼层主管
培训时长	5 分钟	建议执行时间	入职 6 个月内
培训步骤	培训内容		
讲解如何派发客人自带水果、礼品	1. 客人如需由酒店代为派发其自带水果、礼品到房间,可先向酒店提出申请; 2. 接获客人申请后,客房服务中心发出通知,根据客人要求进行派发; 3. 如是水果则洗涤后用果碟存放,摆进房间; 4. 派发水果按每间房 10 元收费。		

培训要领:主管集中培训讲授或资深员工师带徒培训。

培训心得:

表 4-10 加床服务程序培训纲要

要点编码	GS-018	管理类别	楼层对客服务——加床服务
培训要点	加床服务程序		
培训方式	跟班/讲授	培训执行者	楼层主管
培训时长	10 分钟	建议执行时间	入职 3 个月内
培训步骤	培训内容		
讲解如何提供加床服务	1. 若客人需加床时,请客人到前台办理手续,接前台通知后,客房部才能安排服务员加床。中班服务员交对数表时要注明加床的房号及加床的总数。套房加床也要做好记录,由服务中心做好核对工作。 2. 楼层需要加婴儿床的填写借用婴儿床记录本,每用完一次都要送洗,楼层使用完后要拆套交还服务中心。 3. 加婴儿床不用前台或服务中心通知,客人提出即可。婴儿床只适合一岁左右的婴儿使用。		
	培训要领:主管集中培训讲授或资深员工师带徒培训。		

培训心得:

表4-11 擦鞋服务程序培训纲要

要点编码	GS-019	管理类别	楼层对客服务——擦鞋服务
培训要点			擦鞋服务程序
培训方式	讲授	培训执行者	楼层主管
培训时长	15分钟	建议执行时间	入职3个月内
培训步骤			培训内容

讲解如何按流程提供擦鞋服务:

1. 客人如果要擦鞋,可直接通知服务员或打电话到客房服务中心,也可将擦鞋纸塞入皮鞋内,就可以得到免费的擦鞋服务。

2. 准备鞋油、抹布、半干湿抹布、鞋刷、胶手套。

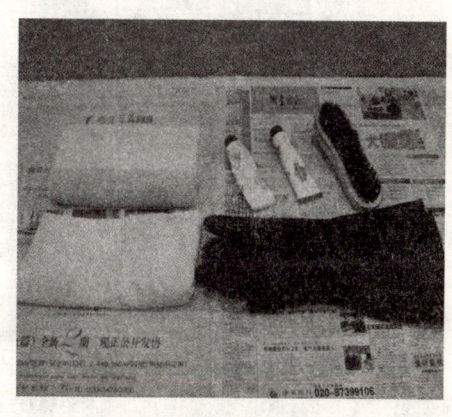

3. 戴上橡胶手套,用半干湿抹布将皮鞋一面的脏物清洁干净。分辨皮鞋的皮质是否可以上油。

4. 根据皮鞋的颜色挤出适量的鞋油。

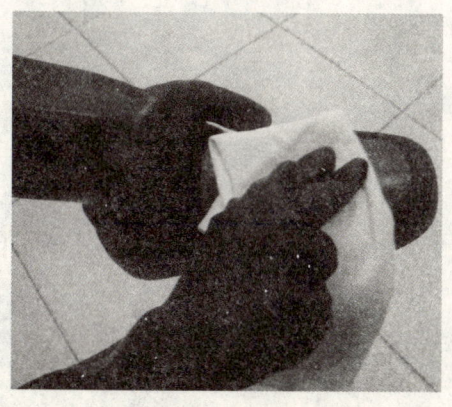
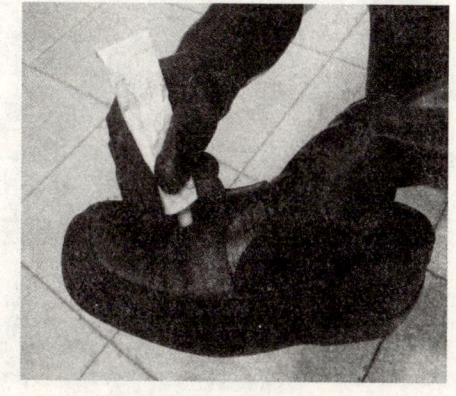

续表

5. 用鞋刷将鞋油均匀涂擦皮鞋表面上充分吸收,并擦至光亮。 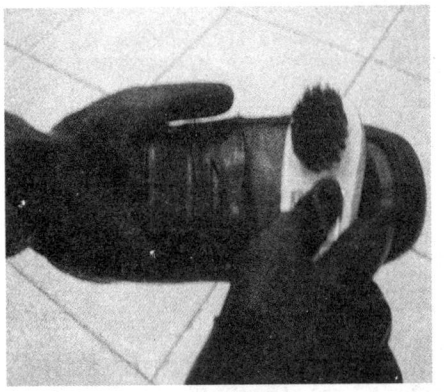 	6. 用软抹布抹除多余的鞋油,并反复擦抹皮鞋表面直至皮鞋光亮。 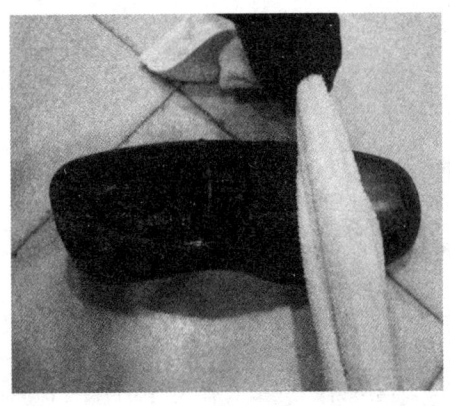 7. 将擦好的皮鞋放进小胶袋里,送回客人房间。
培训要领:主管集中培训讲授或资深员工师带徒培训。	
培训心得:	

表4－12　收送客衣流程培训纲要

要点编码	GS－020	管理类别	楼层对客服务——收送客衣
培训要点	收送客衣流程		
培训方式	跟班/讲授	培训执行者	资深员工/楼层主管
培训时长	15分钟	建议执行时间	入职3个月内
培训步骤	培训内容		
讲解如何收客衣	1. 服务员应在每天上午11:30前检查一下可能有洗衣的房间,及时将客人的洗衣收集出来。客人送来的洗衣应在最短的时间内通知洗涤部收洗。 2. 上午11:30后检查收集出来客人的洗衣。上午11:30前收集出客人的洗衣,如无填写加急服务,洗涤部将会在当天18:00前送回客人,之后收集出来的客人的洗衣,洗涤部将会在次日18:00时前送回客人,如客人要求加急洗衣服务,需额外加收50%的附加费用,洗涤部将在四小时之内将洗衣送回(服务员应向客人说明)。 3. 收集客人洗衣时,应注意检查客人是否已填写清楚洗衣单:①客人姓名。②房间号码。③衣物件数。④客人的签名。⑤特殊要求(手洗、加急服务等)。 如发现客人的洗衣单填写得不完整,则待客人回房间时,第一时间问清楚客人的洗衣情况,否则不予以收洗,并要向客房主管报告。 4. 通知。客房服务员通知洗涤部收洗衣时,双方要互报工号、洗衣客人的房号;过了收洗衣时间,洗涤部仍未来收洗衣则需要再次催收,并向主管汇报。		
讲解如何送客衣	1. 洗涤部送回客人的洗衣时,由洗涤部员工直接送回给客人。一般情况下,客房服务员不负责客人洗衣的收费和派送。 2. 洗涤部送回客人的洗衣时,如客人不在房间,客房服务员可开门让洗涤部员工把洗衣放入房间,但不直接收下。如客人挂了请勿打扰牌或DND(勿打扰)灯,则将衣物放置在客房服务中心,待客人方便时再通知洗涤部送入房间。 3. 洗涤部送回客人的洗衣时,应及时做好交班记录:①送回洗衣的时间;②送回洗衣的房号;③洗涤部员工的工号等情况。如洗涤部送回客人的洗衣时出现问题或投诉,应及时通知主管,并做好与客人、洗涤部的协调工作。		
培训要领:主管集中培训讲授或资深员工师带徒进行培训。			
培训心得:			

表4-13 管理楼层来访培训纲要

要点编码	GS-024	管理类别	楼层对客服务——会客服务
培训要点	楼层来访的管理		
培训方式	讲授	培训执行者	楼层主管
培训时长	10分钟	建议执行时间	入职2个月内
培训步骤	培训内容		
讲解如何管理楼层来访	1. 对来访客人要问清楚住客姓名、房号,并征得客人同意后再放行,并做好记录; 2. 对一些公司房及持有房卡的非住客人,如未有住客的留言,一律有礼貌婉拒并留下房卡,并做好解释工作; 3. 来访客人在晚上11:00尚未离开,先要查清楚是否办理登记手续,如无办理手续则要确定其还在房间时,方可打电话催来访者离开。		

培训要领:主管集中培训讲授。

培训心得:

表 4 – 14　外来参观和外来人员上楼层管理培训纲要

要点编码	GS – 025	管理类别	楼层对客服务——会客服务
培训要点		外来参观和外来人员上楼层管理	
培训方式	讲授	培训执行者	楼层主管
培训时长	10 分钟	建议执行时间	入职 3 个月内
培训步骤		培训内容	
讲解如何管理外来参观和外来人员上楼层	1. 除总经理室、公关部可带人直接上楼层参观外,其余部门带人参观时,如无客房部的通知,一律拒绝。 2. 外来公司或其他酒店的人员上楼层派宣传册,楼层服务员要一律拒绝,堵塞漏洞,非住客或无客人带的一律不允许在楼层逗留。 3. 凡外单位(如公检法部门)人员上楼层调查住客情况,一定要有酒店职能部门(大堂副理、总经理室、保安部)的正式通知,并及时向部门主管汇报。		

培训要领:主管集中培训讲授。

培训心得:

表 4-15 处理超时来访培训纲要

要点编码	GS-033	管理类别	楼层对客服务——会客服务
培训要点	超时来访的处理		
培训方式	讲授	培训执行者	楼层主管
培训时长	10 分钟	建议执行时间	入职 2 个月内
培训步骤	培训内容		
讲解如何处理超时来访	1. 报告： 中班服务员在晚上 22:45 把仍未离开的来访者性别、住客性别及房间号码报告客房服务中心。 2. 记录： 客房服务中心文员负责记录来访情况。（一式三份） 来访情况记录的其中两份分别送交大堂副理和保安部办公室，另一份由客房服务中心存档。 3. 报告： 在晚上 23:30 中班服务员再次报告来访者的最新情况。 4. 记录： 记录方法同上。 5. 跟进： 楼层夜班服务员把来访者已离开的房间报告客房服务中心文员，文员马上报告大堂副理和保安部，同时注销本部门有关访客的记录。 6. 存档： 客房服务中心文员把当天的来访记录存档。		

培训要领：主管集中培训讲授。

培训心得：

表4-16 客人要求在客房开会的处理培训纲要

要点编码	GS-034	管理类别	楼层对客服务——会客服务
培训要点	客人要求在客房开会的处理		
培训方式	讲授	培训执行者	楼层主管
培训时长	10分钟	建议执行时间	入职4个月内
培训步骤	培训内容		
讲解客人要求在客房开会的处理	1. 首先了解开会人数； 2. 如人数不多,可予以同意,并按规定增加房间椅子及烟灰缸； 3. 如人数很多,建议客人使用饭店会议室； 4. 如人数很多,并且住客坚持一定要在房间开会,须及时通知大堂副理,由大堂副理与客人协商。		

培训要领:主管集中培训讲授。

培训心得:

表 4-17　客房服务中易被投诉的事项培训纲要

要点编码	GS-035	管理类别	楼层对客服务——投诉处理
培训要点	客房服务中易被投诉的事项		
培训方式	讲授	培训执行者	楼层主管
培训时长	10 分钟	建议执行时间	入职 3 个月内
培训步骤	培训内容		
讲解在服务过程中哪些行为易导致客人投诉	1. 服务员没有礼貌； 2. 服务员索要小费； 3. 住客失物无法寻回； 4. 房间设备损坏，不能使用，如马桶、电视机等发生故障； 5. 房间物品不足够； 6. 住客受到骚扰； 7. 房间不清洁。		

培训要领：主管集中培训讲授。

培训心得：

表4-18 容易被服务员忽略的服务问题培训纲要

要点编码	GS-036	管理类别		楼层对客服务——投诉处理
培训要点		容易被服务员忽略的服务问题		
培训方式	讲授	培训执行者		楼层主管
培训时长	20分钟	建议执行时间		入职3个月内
培训步骤		培训内容		
讲解在服务过程中哪些问题易被服务员忽略	1. 收出客人洗衣时没有检查客人是否在洗衣单上签名——有的客人会拒付，因客人并没有要求洗衣，只是你自作主张。 2. 给你不认识的人开门——那人也许是小偷。 3. 敲DND（勿打扰）客人的门——有时我们员工没有看清楚便敲DND客人的门，这是侵犯了客人的隐私权。 4. 向他人透露有关住客的资料、信息——小偷听到后会设法作案。 5. 开门时动作太急——我们要求开门前至少敲门两次，每次相隔5秒，让客人做出反应，客人也许正在换衣服。 6. 离开房间去取东西时没有关门，尤其住房——别人很容易就可拿走客人的物品。 7. 把客人的东西当垃圾扔掉（这是最为常见的）——我们不能替客人决定，客人如果不要的话，他自己会放在垃圾桶里，我们绝对不能自作主张。 8. 翻看客人的物品——也许你会发现有些东西非常有趣，很吸引你，但绝对不要翻看，被客人看见会怀疑你行为不轨。 9. 没有检查所有灯是否正常——因为我们清洁房间时总是在白天，又没有注意逐盏灯检查，如果没有及时换上新灯泡，客人在晚上会觉得很不方便。 10. 把客人的睡衣或钱包和床单一起拿走扔到洗涤部去——即使能找回客人的失物，客人昨晚可能还是没有睡衣睡觉。 11. 把客人的浴衣、毛巾和酒店布草一起拿走——客人也许喜欢用自己带来的东西，我们要小心辨别。 12. 多报客人小酒吧的费用——你也许觉得既然客人已经消费这么多酒水，他不会介意多报一支可乐或啤酒，但这样做等于偷客人的钱，欺骗顾客，我们要诚招天下客。 13. 把客人放在床头柜的硬币当作小费——如果客人想给你小费，他会当面给你的，况且我们是不允许收小费的。 14. 把你的钥匙交给他人——你也许觉得可以信任他人，但一旦发生任何事情，你必须负责（其实出了事你负不了责，只会令宾客或酒店蒙受损失）。			
培训要领：主管集中培训讲授。				
培训心得：				

— 93 —

表4-19 客人投诉房间未整理的处理培训纲要

要点编码	GS-037	管理类别	楼层对客服务——投诉处理
培训要点	客人中午回店发现房间未整理投诉的处理		
培训方式	讲授	培训执行者	楼层主管
培训时长	10分钟	建议执行时间	入职4个月内
培训步骤	培训内容		
客人中午回店发现房间未整理投诉的处理	1. 向客人诚恳道歉; 2. 做适当的解释; 3. 作为弥补,征求客人意见是否可以马上整理房间; 4. 做好记录,以提醒第二天优先整理该房。		

培训要领:主管集中培训讲授。

培训心得:

表4-20 处理深夜客人吵闹培训纲要

要点编码	GS-038	管理类别	楼层对客服务——投诉处理
培训要点		深夜时客人投诉隔壁客人很吵的处理	
培训方式	讲授	培训执行者	楼层主管
培训时长	10分钟	建议执行时间	入职4个月内
培训步骤		培训内容	
讲解深夜时客人投诉隔壁客人很吵的处理	1. 向投诉客人表示歉意； 2. 问清投诉客人及吵闹客人的房号； 3. 打电话或直接上房间,劝告吵闹的客人； 4. 如客人仍吵闹,将情况报告人堂副理,由其出面处置。		
培训要领:主管集中培训讲授。			
培训心得:			

表 4-21　客人投诉房间灯光太暗的处理培训纲要

要点编码	GS-039	管理类别	楼层对客服务——投诉处理
培训要点	客人投诉房间灯光太暗的处理		
培训方式	讲授	培训执行者	楼层主管
培训时长	10 分钟	建议执行时间	入职 4 个月内
培训步骤	培训内容		
讲解客人投诉房间灯光太暗的处理	1. 首先查看房灯是否全部完好； 2. 各房灯瓦数是否符合规定； 3. 如不是以上两个问题,则应考虑给客人增加台灯或落地灯,不可使用超过规定瓦数的灯泡,以避免造成灯罩烧坏。		
培训要领:主管集中培训讲授。			

培训心得:

表4-22 为客人开门培训纲要

要点编码	GS-041	管理类别	楼层对客服务——代开房门
培训要点	为客人开门		
培训方式	讲授	培训执行者	楼层主管
培训时长	10分钟	建议执行时间	入职4个月内
培训步骤	培训内容		
讲授为客人开门的程序	1. 接收通知： 服务中心文员接到前台接待处的开门通知后，需立即记录在案，并知会楼层服务员。 2. 检查身份： 楼层服务员见到客人时，应礼貌地请客人出示入住登记卡。 核对入住登记卡上的客人姓名、房间号码和有效入住日期。 3. 确认无误后，可为客人开门。		

培训要领：主管集中培训讲授。

培训心得：

表 4-23　为遗忘钥匙在房内的客人开门培训纲要

要点编码	GS-042	管理类别	楼层对客服务——代开房门
培训要点	客人钥匙遗忘在房内要求为其开门的处理		
培训方式	讲授	培训执行者	楼层主管
培训时长	10 分钟	建议执行时间	入职 4 个月内
培训步骤	培训内容		
讲授客人钥匙遗忘在房内要求为其开门的处理	1. 请客人出示欢迎卡,核对日期、房号、姓名,无误后,可以给客人开门,并及时做好记录; 2. 如客人无欢迎卡,则请总台核对身份; 3. 总台核对身份无误后,通知客房服务中心; 4. 客房服务中心通知服务员开门; 5. 服务员给客人开门,并做好记录; 6. 如果是十分熟悉的客人,可以给其开门,但要做好记录。		

培训要领:主管集中培训讲授。

培训心得:

表 4-24　楼层报吧的程序培训纲要

要点编码	GS-043	管理类别	楼层对客服务——小酒吧服务
培训要点	楼层报吧的程序		
培训方式	讲授	培训执行者	楼层主管
培训时长	15 分钟	建议执行时间	入职 4 个月内
培训步骤	培训内容		
讲授楼层报吧的程序	1. 凡楼层团体的酒水、物品全部报服务中心,不能直接报团体接待处。 2. 散客在报(Check-out)退房时,可直接报前台收款,后再报服务中心。 3. 楼层报酒水单的酒水,在酒水申领单上写上输单的工号(服务中心或前台输单人员)。 4. 服务中心填写酒水耗用表应一式三份,一份放服务中心,一份供楼层服务员领取酒水时签收,一份交财管保存,作为财管补充酒水时核对用。		

培训要领:主管集中培训讲授。

培训心得:

表 4-25　客人调换饮料培训纲要

要点编码	GS-045	管理类别	楼层对客服务——小酒吧服务
培训要点	客人将饮料饮用后又在外购回包装不同的饮料的处理		
培训方式	讲授	培训执行者	楼层主管
培训时长	15 分钟	建议执行时间	入职 4 个月内
培训步骤	培训内容		
讲授客人将饮料饮用后又在外购回包装不同的饮料的处理	1. 客房服务员将该瓶饮料的酒水登记单给收银处； 2. 补入一瓶新饮料； 3. 将客人饮料取出，放在显眼位置，留言说明这种做法违反饭店规定，并告之消耗的饮料费用已入账； 4. 如客人有询问，注意做好解释。		
培训要领：主管集中培训讲授。			
培训心得：			

表4-26 客人来认领失物的处理培训纲要

要点编码	GS-048	管理类别	楼层对客服务——遗留物品处理
培训要点	客人来认领失物的处理		
培训方式	讲授	培训执行者	楼层主管
培训时长	15分钟	建议执行时间	入职4个月内
培训步骤	培训内容		
讲授如何处理客人前来认领失物	1. 凡是客人用电话、传真或写信回来认领的物品,如查登记本所记录的确实与客人所述相符,应立即去信或传真把结果告诉客人,并征询客人的处理意见,如要求寄回,则费用由客人付,但可先把物品寄回给客人,然后把账单副本汇给客人,要求客人把款项汇回酒店;如属贵重物品可通知客人先汇款再把物品寄给客人。此项工作由客房部负责办理。 2. 凡通过他人来认领时,须问清楚客人姓名、遗失物品、遗失地点、遗失时间,所有资料相符时才可把物品交给来人,并叫来人签名代收。 3. 凡客人回来要求认领时,可通知其到客房服务中心,当班的主管和职员须问清楚客人入住的时间、遗失地点,所有资料相符时才可把物品交给客人,并叫客人签收。 4. 如客人通过各种形式认领物品,但我们经过检查没有发现该项物品时,须给客人一个明确的答复。如客人报失物品,而又匆忙要离店时,可要求客人先留下联系地址,待查清楚后再答复客人。 5. 凡属客人不慎遗留的物品需要寄回时,费用由客人自己付;如属员工不慎把物品丢失,事后找回而客人要求寄回时,费用由酒店付,但对当事人要做出经济和行政处罚;如属员工不小心把客人物品丢失而又找不回,客人要求索赔时,费用由酒店付,但要对当事人做出经济和行政处罚。		
培训要领:主管集中培训讲授。			
培训心得:			

表 4-27 为客人提供物品服务培训纲要

要点编码	GS-052	管理类别	楼层对客服务——租借物品服务
培训要点	为客人提供物品服务		
培训方式	讲授	培训执行者	楼层主管
培训时长	15 分钟	建议执行时间	入职 4 个月内
培训步骤	培训内容		
讲授为客人提供物品服务	1. 为客人提供物品时,小件物品须使用托盘盛放; 2. 进入房间后询问客人所需物品须放置在何处,将物品按客人要求摆放好; 3. 向客人说明物品的使用方法; 4. 询问客人是否还有其他需要,告知客人可拨打服务电话"×"(酒店内线)提出要求; 5. 退后一步,然后转身走出房间,并轻轻关上房门。		

培训要领:主管集中培训讲授。

培训心得:

表4-28 物品租借程序培训纲要

要点编码	GS-053	管理类别	楼层对客服务——租借物品服务
培训要点	物品租借程序		
培训方式	讲授	培训执行者	楼层主管
培训时长	15分钟	建议执行时间	入职4个月内
培训步骤	培训内容		
讲授物品租借程序	1. 接到客人电话,询问客人所需要物品的种类、型号、名称; 2. 查找该物品,检查能否正常使用; 3. 通知楼层服务员把该物品送到房间; 4. 在租借登记本上做好登记; 5. 如果借用时间长,在客人资料中备注清楚。		

培训要领:主管集中培训讲授。

培训心得:

表4-29 客人要求增加枕头和毛毯的处理培训纲要

要点编码	GS-055	管理类别	楼层对客服务——租借物品服务
培训要点	客人要求增加枕头和毛毯的处理		
培训方式	讲授	培训执行者	楼层主管
培训时长	15分钟	建议执行时间	入职4个月内
培训步骤	培训内容		
讲授客人要求增加枕头和毛毯的处理	1. 了解客人需要增加这些物品的原因； 2. 如果客人是因为感觉室温太低，除增加这些物品外，还要检查客房空调是否调得太低； 3. 如果发现是住客超过规定的人数，应向客人说明不能增加物品，同时还应婉言说明房间不能多住人； 4. 将此情况及时报给大堂副理。		

培训要领：主管集中培训讲授。

培训心得：

表 4-30　客人要求代其修理物品的处理培训纲要

要点编码	GS-070	管理类别	楼层对客服务——委托代办
培训要点	客人要求代其修理物品的处理		
培训方式	讲授	培训执行者	楼层主管
培训时长	10 分钟	建议执行时间	入职 6 个月内
培训步骤	培训内容		
讲授客人要求代其修理物品的处理	1. 查清物品的损坏程度； 2. 问清客人物品修理要求取回的时间； 3. 根据物品损坏程度问清工程部能否修理； 4. 如能维修，及时在规定时间内将修好的物品送还客人； 5. 如果工程部无法修理，报大堂副理。		

培训要领：主管集中培训讲授。

培训心得：

三、培训检阅

表4-31 楼层对客服务培训状况总结表

培训要点	GS-001	GS-002	GS-003	GS-004	GS-005
培训日期					
培训导师					
培训要点	GS-006	GS-007	GS-008	GS-009	GS-010
培训日期					
培训导师					
培训要点	GS-011	GS-012	GS-013	GS-014	GS-015
培训日期					
培训导师					
培训要点	GS-016	GS-017	GS-018	GS-019	GS-020
培训日期					
培训导师					
培训要点	GS-021	GS-022	GS-023	GS-024	GS-025
培训日期					
培训导师					
培训要点	GS-026	GS-027	GS-028	GS-029	GS-030
培训日期					
培训导师					
培训要点	GS-031	GS-032	GS-033	GS-034	GS-035
培训日期					
培训导师					
培训要点	GS-036	GS-037	GS-038	GS-039	GS-040
培训日期					
培训导师					
培训要点	GS-041	GS-042	GS-043	GS-044	GS-045
培训日期					
培训导师					

续表

培训要点	GS-046	GS-047	GS-048	GS-049	GS-050
培训日期					
培训导师					
培训要点	GS-051	GS-052	GS-053	GS-054	GS-055
培训日期					
培训导师					
培训要点	GS-056	GS-057	GS-058	GS-059	GS-060
培训日期					
培训导师					
培训要点	GS-061	GS-062	GS-063	GS-064	GS-065
培训日期					
培训导师					
培训要点	GS-066	GS-067	GS-068	GS-069	GS-070
培训日期					
培训导师					
培训要点	GS-071	GS-072	GS-073	GS-074	GS-075
培训日期					
培训导师					

除了上述的内容，你在实习酒店还掌握了哪些楼层对客服务技能？列举一下：

第五章　客房安全保卫

一、在校学习内容回顾（X 类）

在学校已经学习了火警处理等内容，你还记得吗？请以自习的方式复习回顾以下内容：

表 5-1　客房安全保卫校内要点回顾表

培训目录	培训日期	编号	培训方式
楼层有火情的处理	第三个月	S-008	自习
火警的处理	第三个月	S-009	自习

二、在岗培训内容（Y 类、Z 类）

表 5-2　消防喇叭使用培训纲要

要点编码	S-006	管理类别	客房安全保卫——防火
培训要点	消防喇叭的使用		
培训方式	讲授	培训执行者	楼层主管
培训时长	10 分钟	建议执行时间	入职 1 个月内
培训步骤	培训内容		
讲授消防喇叭的使用与清洁	主要功能：用于消防广播。楼层发生火警后，由保安部通过消防喇叭指引人员疏散。 清洁方法：使用五级梯，用半干湿抹布抹干净顶部及百叶上的积尘。		

培训要领：主管集中培训讲授。

培训心得：

表5-3 楼层有火情的处理培训纲要

要点编码	S-008	管理类别	客房安全保卫——防火
培训要点	楼层有火情的处理		
培训方式	讲授	培训执行者	楼层主管
培训时长	15分钟	建议执行时间	入职1个月内
培训步骤	培训内容		
讲授楼层有火情的处理	1. 立即使用最近的报警装置,发出警报。 2. 及时发现火源,用电话通知总机,讲清着火地点和燃烧物质。 3. 使用附近合适的消防器材控制火势,并尽力将其扑灭。 4. 关闭所有电器开关。 5. 关闭通风、排风设备。 6. 如果火势已不能控制,则应立即离开火场。离开时应沿路关闭所有门窗。在安全区域内等候消防人员到场,并为他们提供必要的帮助。		

培训要领:主管集中培训讲授。

培训心得:

表 5－4 楼层钥匙的使用、保管和控制培训纲要

要点编码	S－010	管理类别	客房安全保卫——防盗
培训要点	\multicolumn{3}{c}{楼层钥匙的使用、保管和控制}
培训方式	讲授	培训执行者	楼层主管
培训时长	15 分钟	建议执行时间	入职 1 个月内
培训步骤	\multicolumn{3}{c}{培训内容}
讲授楼层钥匙的使用、保管和控制	\multicolumn{3}{l}{1. 存放： 除需使用的钥匙外，其余的钥匙全部应存放在客房服务中心的钥匙柜内。 2. 领取： ·楼层主管或使用人在客房服务中心领钥匙必须由中心文员派发并登记好钥匙的编码。 ·如因工作关系需要领取非本职工工作地段的钥匙，必须事先征得管理人员的同意方可领取。 ·钥匙不能代领。 3. 保管和使用： ·钥匙由服务员专人使用和保管，必须随身携带，不能随意转借他人。除因工作需要进入客房的维修工、行李员和送餐员外，不能随意为他人开启客房门。 ·楼层钥匙不能带离所在楼层，以免遗失。 ·如遗失钥匙，应马上报告上级。 4. 交接： 楼主吃饭时可转交给相近的楼层楼主代看，饭后必须取回自管区域的钥匙。 5. 归还： 服务员下班后，钥匙必须归还服务中心文员。}
培训要领：主管集中培训讲授。			
培训心得：			

表 5-5 闲杂人员在楼层走廊徘徊的处理培训纲要

要点编码	S-013	管理类别	客房安全保卫——防盗
培训要点	闲杂人员在楼层走廊徘徊的处理		
培训方式	讲授	培训执行者	楼层主管
培训时长	15 分钟	建议执行时间	入职 3 个月内
培训步骤	培训内容		
讲授闲杂人员在楼层走廊徘徊的处理	1. 客房服务员主动上前询问客人是否需要帮助； 2. 如果是访客，按访客程序处理； 3. 如果是乱闯楼层的访客，要阻止其在楼层逗留； 4. 如有疑点，应及时通知保安部及大堂副理处理。		

培训要领：主管集中培训讲授。

培训心得：

表5-6 客人报失处理流程培训纲要

要点编码	S-015	管理类别		客房安全保卫——防盗
培训要点	客人报失处理流程			
培训方式	讲授	培训执行者		楼层主管
培训时长	15分钟	建议执行时间		入职3个月内
培训步骤	培训内容			
讲授客人报失处理流程	1.客人向值班服务员(或主管、经理、大堂副理等)报失财物后,应马上向上级领导汇报情况,并由主管、经理或连同大堂副理、保安部经理及时向客人了解情况。 2.问清客人丢失物品的名称、特征;客人丢失物品的时间;丢失前什么时间最后一次看到此物;客人在丢失物品前,财物放在什么地方;客人在丢失物品前去过哪些地方;客人(同哪些人一起待过)在房间会客情况;客人丢失了多少钱(是一部分还是全部金额);客人在丢失前是否买过什么物品。 3.问清情况后,安慰客人不要着急,并要再仔细查找,征求客人意见是否要报案,如只是要求我们帮助查找,我们也应及时把情况汇报给领导,听取领导的处理意见,如果客人要求立即报案,我们也应给客人提供方便,让客人自己到公安机关(或打电话)报案。 4.如果是重大的失窃时,应马上保护现场,不让无关人员进入房间,并将该房客人和外来人员(包括服务员)进出的具体情况记录下来。			
培训要领:主管集中培训讲授。				
培训心得:				

表 5-7　客房部劳动安全卫生操作管理规定培训纲要

要点编码	S-016	管理类别	客房安全保卫——劳动安全
培训要点	客房部劳动安全卫生操作管理规定		
培训方式	讲授	培训执行者	楼层主管
培训时长	25 分钟	建议执行时间	入职 1 个月内
培训步骤	培训内容		
讲授客房部劳动安全卫生操作管理规定	1. 在进行卫生清洁操作时,无论使用何种清洁剂,均要佩戴清洁手套以保护皮肤。 2. 在使用清洁剂刷洗地板时,注意做好防滑措施,小心行走,地面上的清洁剂要及时冲洗干净,然后用抹布擦干,行走时切不可莽撞,要小心谨慎,以防滑倒。 3. 在比较光滑的地面上工作时,要注意自身的平衡,掌握重心,进行清洁操作时要小心谨慎,切不可站在已放了清洁剂的光滑地板进行工作。 4. 在高位项目的清洁过程中,切不可贪图方便,做跳跃式或没有安全保障的攀爬动作来凌空作业,要顾及周围环境的危险因素,加以防范,避免发生撞到或跌伤等人为事故。 5. 清洗玻璃器皿或瓷器时要使用清洁工具,不能用手直接刷洗,同时要检查是否有破损口和裂痕,小心清洗,注意轻放,以防人为的损坏,导致不必要的划伤事故。 6. 使用支承物清洁时,要注意检查支承物是否平稳、固定、扎实,并要保持身体站立平衡,在确保安全的情况下进行操作。 7. 操作时要注意仪容仪表,不能光着脚进行,以避免被杂物或利器扎伤。 8. 清洁房间撤物品或清倒垃圾时,注意检查垃圾中是否有破烂的玻璃碎片或瓷器,小心抓拿,防止划伤手脚。 9. 铺床要讲究方式方法和正确规范的动作姿势,主要使用手腕力、臂力和脚力完成铺床程序,注意不要使用腰力,掌握身体重心平衡,以免产生腰部损伤或挫伤。 10. 在从热水器灌开水进热水瓶时,一只手拿热水瓶提手并把热水瓶口正对热水器的水龙头,距离约 10 厘米,不宜距离过长,以免热开水外溅烫伤手脚,在打开水过程中要注意集中精神,开水盛八成满为宜。 11. 在泡茶或冲开水时,要注意有关盛水的设备是否完好和放稳,细心操作,防止碰撞,以避免不必要的危险或事故。 12. 在用托盘送开水时,要注意托盘的平衡和周围环境,以防人为的碰撞翻侧,导致开水溢出烫伤手脚。 13. 在楼层或楼梯行走,不能奔跑或跨步越级,进出通道门均要轻推慢拉通道门,以免人为的碰伤或摔伤。 14. 在楼层推拉车具时,要留意前后环境是否有人或障碍物,同时要掌握行进车速,以防碰伤别人或自己。 15. 在补充清洁剂时,要正确使用部门提供的有关辅助工具,绝对不能用规定外的工具作为辅助工具补充清洁剂。		

续表

讲授客房部劳动安全卫生操作管理规定	16. 在高位清洁或作业需要铝折梯时,首先要将铝折梯打开至护臂杆完全横直且将四脚摆放平稳,切不可以任何理由把铝折梯单臂斜靠在墙壁上或其他地方进行高空作业,否则由此而产生的责任事故由当事人负责。 17. 在高空作业一定要佩戴安全保护绳或其他安全保护设施,不能在没有安全设施保护的情况下擅自作业,违者后果自负。 18. 在搬动重物时,主要使用手臂力进行,不要过分使用腰力,注意身体重心的平衡,把物件抓稳,做好防滑措施。如果是多人同时搬动时,则要注意整体的配合协调,齐上齐下,避免不必要的碰伤和砸伤。 19. 翻床垫时要按照既定的月份数字排列规定进行,小床垫应将软垫往后拉约40厘米,然后站在床的一侧把床垫一侧抬起翻到规定的月份数字后,慢慢放下。翻转过程中,要注意使用手臂力,翻大床垫要两人同时进行,各站在床的两侧,方法与翻小床垫方法相同。 20. 清洁电器设备之前,要先断电源,手湿时不能接触电器及电源开关,以防止漏电触电事故的发生。

培训要领:主管集中培训讲授。

培训心得:

三、培训检阅

表 5-8　客房安全保卫培训情况总结表

培训要点	S-001	S-002	S-003	S-004	S-005
培训日期					
培训导师					
培训要点	S-006	S-007	S-008	S-009	S-010
培训日期					
培训导师					
培训要点	S-011	S-012	S-013	S-014	S-015
培训日期					
培训导师					
培训要点	S-016				
培训日期					
培训导师					

除了上述的内容,你在实习酒店还掌握了哪些安全保卫知识?列举一下:

第六章　突发事件及典型案例

一、在校学习内容回顾（X 类）

在学校已经学习了客人外宿、带宠物到房间等情形的处理，你还记得吗？

表6-1　客房突发事件校内学习内容回顾表

培训目录	培训日期	编号	培训方式
客人反映床单不干净需要更换的处理	第二个月	CS-015	自习
客人丢掷烟头导致房间地毯出现烫洞的处理	第四个月	CS-021	自习
客人外宿的处理	第三个月	CS-036	自习
客人带宠物（动物）入房间的处理	第三个月	CS-037	自习
客人损坏房内设备的处理	第二个月	CS-039	自习
客人反映房中保险箱打不开的处理	第二个月	CS-045	自习
前台开重房的处理办法	第二个月	CS-047	自习

二、在岗培训内容（Y 类、Z 类）

表6-2　客人突发疾病处理培训纲要

要点编码	CS-001	管理类别	突发事件及典型案例——客人突发事件
培训要点	客人突发疾病处理		
培训方式	讲授	培训执行者	楼层主管
培训时长	15分钟	建议执行时间	入职3个月内
培训步骤	培训内容		
讲授客人突发疾病处理流程	1. 楼层服务员在得悉客人有急病时，要通知主管，并做到以最快速度赶到现场； 2. 通知大堂副理和客房部经理； 3. 需要时请医生到场； 4. 在可能的情况下，知会客人的单位和家属； 5. 做好记录并交好班。		
培训要领：主管集中培训讲授。			
培训心得：			

表6-3 客房内死亡的客人的处理培训纲要

要点编码	CS-002	管理类别	突发事件及典型案例——客人突发事件
培训要点	客房内死亡的客人的处理		
培训方式	讲授	培训执行者	楼层主管
培训时长	15分钟	建议执行时间	入职3个月内
培训步骤	培训内容		
讲授客房内死亡的客人的处理	1. 客房服务员应保持镇静,切不可惊慌失措,在走廊上奔跑或喊叫,以免引起混乱; 2. 关闭房门,禁止其他员工进入,做好现场保护工作; 3. 电话通知保安部、大堂副理和部门主管到现场; 4. 向有关部门人员和有关单位提供客人资料及访客情况; 5. 待有关部门人员完成取证、调查,运走尸体后,应把房间用品撤出进行消毒或燃毁,并对房间进行彻底消毒与清理。		

培训要领:主管集中培训讲授。

培训心得:

表6-4 客人要求代买药品的处理培训纲要

要点编码	CS-009	管理类别	突发事件及典型案例——客人突发事件
培训要点	\multicolumn{3}{c}{客人要求代买药品的处理}		
培训方式	讲授	培训执行者	楼层主管
培训时长	15分钟	建议执行时间	入职3个月内
培训步骤	\multicolumn{3}{c}{培训内容}		
讲授客人要求代买药品的处理流程	1. 首先婉言向客人说明不能代买药品； 2. 向客人推荐酒店的医疗室； 3. 如客人不想看病，坚持让服务员为其代买药品，客房服务员应及时通知大堂副理，由大堂副理通知酒店医生到客人房间，再由医生决定是否从医疗室拿药给客人。		

培训要领：主管集中培训讲授。

培训心得：

表6-5 客人提出购买房间物品处理程序培训纲要

要点编码	CS-016	管理类别	突发事件及典型案例——客人突发事件
培训要点	客人提出购买房间物品处理程序		
培训方式	讲授	培训执行者	楼层主管
培训时长	15分钟	建议执行时间	入职3个月内
培训步骤	培训内容		
讲授客人提出购买房间物品处理流程	1. 原则上房间的物品是非卖品,可建议客人到商场购买。如客人表示很有兴趣买作纪念,首先要请示主管,再由主管向部门经理汇报,经批准后方可卖给客人。 2. 原则上客人只能买走房间的物品,如客人提出超出房间的数额或要求买全新的物品,一定要由部门经理做决定。		
培训要领:主管集中培训讲授。			
培训心得:			

表6-6 客人在房中意外受伤的处理培训纲要

要点编码	CS-018	管理类别	突发事件及典型案例——客人突发事件
培训要点	客人在房中意外受伤的处理		
培训方式	讲授	培训执行者	楼层主管
培训时长	10分钟	建议执行时间	入职3个月内
培训步骤	培训内容		
讲授客人在房中意外受伤的处理流程	1. 帮助客人，征询是否看医生； 2. 立即通知大堂副理； 3. 了解或调查客人受伤的原因，视情况做好善后工作。		

培训要领：主管集中培训讲授。

培训心得：

表6-7 发现房内有大量现金的处理培训纲要

要点编码	CS-019	管理类别	突发事件及典型案例——客人突发事件
培训要点	发现房内有大量现金的处理		
培训方式	讲授	培训执行者	楼层主管
培训时长	10分钟	建议执行时间	入职3个月内
培训步骤	培训内容		
讲授发现房内有大量现金的处理	1. 及时通知楼层主管、保安部和大堂副理; 2. 由大堂副理在保安部和楼层主管陪同下,将房门反锁; 3. 客人回来后,由大堂副理开启房门,同时请客人清点现金; 4. 大堂副理应提醒客人将现金存放在大堂收银处的免费保险箱内。		

培训要领:主管集中培训讲授。

培训心得:

表6-8 遇到客人醉酒的处理培训纲要

要点编码	CS-020	管理类别	突发事件及典型案例——客人突发事件
培训要点	遇到客人醉酒的处理		
培训方式	讲授	培训执行者	楼层主管
培训时长	10分钟	建议执行时间	入职3个月内
培训步骤	培训内容		
讲授遇到醉酒客人的处理	1. 通知楼层主管和大堂副理及保安部; 2. 安置客人回房休息,切忌单独扶醉客入房,可请一位同事帮忙; 3. 将垃圾桶放在床边,备好卫生纸、漱口水; 4. 征求客人意见后泡一杯热茶给客人; 5. 若发现客人因神志不清有破坏行为的,应请保安部、大堂副理协助制服; 6. 密切注意房内动静,以防房内物品受损或因客人吸烟而造成火灾; 7. 若有特殊情况,应与大堂副理一起入房检查; 8. 做好记录。		
培训要领:主管集中培训讲授。			
培训心得:			

表 6-9 遇伤、病客人的处理培训纲要

要点编码	CS-022	管理类别	突发事件及典型案例——客人突发事件
培训要点			遇伤、病客人的处理
培训方式	讲授	培训执行者	楼层主管
培训时长	10 分钟	建议执行时间	入职 3 个月内
培训步骤		培训内容	
讲授遇到伤病客人的处理	1. 了解情况： 接到客人通知后，询问客人姓名、房间号码、性别和伤病情况。 2. 报告： 将有关资料通知当值主管、大堂副理，视客人需要通知酒店医疗室，如情况严重，协助大堂副理通知急救中心，引领到场的医护人员。 由当值主管将情况及时向上级报告。 由当值主管跟进客人医疗情况并报告上级主管。		

培训要领：主管集中培训讲授。

培训心得：

表 6-10　客人损坏酒店财物的处理培训纲要

要点编码	CS-029	管理类别	突发事件及典型案例——客人突发事件
培训要点	客人损坏酒店财物的处理		
培训方式	讲授	培训执行者	楼层主管
培训时长	10 分钟	建议执行时间	入职 3 个月内
培训步骤	培训内容		
讲授遇到客人损坏酒店财物的处理	1. 礼貌地了解客人损坏设备的原因,保留好现场。 2. 将此情况报大堂副理。 3. 由大堂副理与客人协商索赔事宜。 4. 客人同意赔偿后,客房服务员开出账单让客人签字认可。		
培训要领:主管集中培训讲授。			
培训心得:			

表6-11 客人房门打开(虚掩)的处理培训纲要

要点编码	CS-032	管理类别	突发事件及典型案例——客人突发事件
培训要点	客人房门打开(虚掩)的处理		
培训方式	讲授	培训执行者	楼层主管
培训时长	10分钟	建议执行时间	入职3个月内
培训步骤	培训内容		
讲授遇到客人房门打开(虚掩)的处理	1.报告： 服务员要注意巡查楼层客房，发现房门打开而客人不在房间的，必须立即报告当值主管。 2.处理： 当值主管接报后到场，敲门或按门铃检查。当证实客人在房间内时，应礼貌告知客人把房门关好。如客人外出，由当值主管通知大堂副理，保安部派员到场，清点客人物品，由大堂副理将房间重锁，任何人禁止入内。 3.跟办： 客人回来后通知大堂副理开门。 由客人点算物品后安排打扫房间。		
培训要领：主管集中培训讲授。			
培训心得：			

表 6-12 客人在房间使用大功率电器的处理培训纲要

要点编码	CS-033	管理类别	突发事件及典型案例——客人突发事件
培训要点			客人在房间使用大功率电器的处理
培训方式	讲授	培训执行者	楼层主管
培训时长	10 分钟	建议执行时间	入职 3 个月内
培训步骤		培训内容	
讲授遇到客人在房间使用大功率电器的处理	1. 服务员应礼貌地向客人说明在房内使用电器的不安全因素。 2. 如客人需在房内用餐,告诉客人饭店有客房送餐服务。 3. 及时将情况报大堂副理及保安部。		

培训要领:主管集中培训讲授。

培训心得:

表 6-13 客人在房内烧香拜佛的处理培训纲要

要点编码	CS-034	管理类别	突发事件及典型案例——客人突发事件
培训要点	\multicolumn{3}{c}{客人在房内烧香拜佛的处理}
培训方式	讲授	培训执行者	楼层主管
培训时长	10 分钟	建议执行时间	入职 3 个月内
培训步骤	\multicolumn{3}{c}{培训内容}
讲授遇到客人在房内烧香拜佛的处理	1. 首先有礼貌地劝阻客人。 2. 向客人说明房内烧香易引起火警误报或因不慎发生火灾。 3. 通知大堂副理,由大堂副理与客人联系,将佛像统一归放在一个安全场所,并取得客人谅解。		
培训要领:主管集中培训讲授。			
培训心得:			

表6-14 检查退房但仍挂有"请勿打扰"牌的处理培训纲要

要点编码	CS-040	管理类别	突发事件及典型案例——客人突发事件
培训要点	检查退房但仍挂有"请勿打扰"牌的处理		
培训方式	讲授	培训执行者	楼层主管
培训时长	10分钟	建议执行时间	入职3个月内
培训步骤	培训内容		
讲授检查退房但仍挂有"请勿打扰"牌的处理	1. 将此情况报给服务中心。 2. 注意该房情况,客人出来后及时查房。 3. 注意:即便通知某房结账,但该房如果挂有"请勿打扰"牌,仍不能入内打扰客人。		

培训要领:主管集中培训讲授。

培训心得:

表 6-15　台风到来时如何应对培训纲要

要点编码	CS-043	管理类别	突发事件及典型案例——酒店突发事件
培训要点	\multicolumn{3}{c}{台风到来时如何应对}		
培训方式	讲授	培训执行者	楼层主管
培训时长	10 分钟	建议执行时间	入职 6 个月内
培训步骤	\multicolumn{3}{c}{培训内容}		
讲授酒店在台风到来时如何应对	1. 客房服务中心应了解台风的风力和运动方向及登陆时间； 2. 协助前厅部将台风通知单送入客房，以提醒客人； 3. 通知楼层主管安排客房服务员检查客房窗户是否关紧； 4. 如台风十分猛烈，则由部门经理决定是否关闭所有客房的厚窗帘； 5. 夜间可组织抗灾队住在酒店，及时处理客房中的突发事件。		

培训要领：主管集中培训讲授。

培训心得：

表6-16 临时停电的处理培训纲要

要点编码	CS-044	管理类别	突发事件及典型案例——酒店突发事件
培训要点	临时停电的处理		
培训方式	讲授	培训执行者	楼层主管
培训时长	10分钟	建议执行时间	入职3个月内
培训步骤	培训内容		
讲授酒店在临时停电时如何应对	1.客房服务员应保持镇定; 2.清理过道,将放在走廊上的布草车、吸尘器推到就近空房中; 3.如光线不够,无法清理过道,楼层主管应指导服务员站在布草车或吸尘器旁边,以防客人碰撞; 4.楼层主管利用手电筒向询问的客人做好解释工作,并劝客人不要离开房间; 5.客房服务中心应向工程部了解停电的原因和停电时间,以便做好解释工作; 6.正常供电后,应全面巡视所属区域,检查送电后的安全情况。		
培训要领:主管集中培训讲授。			
培训心得:			

三、培训检阅

表6-17 客房突发事件及经典案例培训情况总结表

培训要点	CS-001	CS-002	CS-003	CS-004	CS-005
培训日期					
培训导师					
培训要点	CS-006	CS-007	CS-008	CS-009	CS-010
培训日期					
培训导师					
培训要点	CS-011	CS-012	CS-013	CS-014	CS-015
培训日期					
培训导师					
培训要点	CS-016	CS-017	CS-018	CS-019	CS-020
培训日期					
培训导师					
培训要点	CS-021	CS-022	CS-023	CS-024	CS-025
培训日期					
培训导师					
培训要点	CS-026	CS-027	CS-028	CS-029	CS-030
培训日期					
培训导师					
培训要点	CS-031	CS-032	CS-033	CS-034	CS-035
培训日期					
培训导师					
培训要点	CS-036	CS-037	CS-038	CS-039	CS-040
培训日期					
培训导师					
培训要点	CS-041	CS-042	CS-043	CS-044	CS-045
培训日期					
培训导师					

续表

培训要点	CS-046	CS-047			
培训日期					
培训导师					

除了上述的内容,你在实习酒店遇到过哪些突发事件及典型案例?列举一下: